國家古籍整理出版專項經費資助項目

中國古代城池基礎資料彙編

第一輯

第一册

《嘉慶重修大清一統志》城墻資料彙編

成一農　編

中国社会科学出版社

圖書在版編目（CIP）數據

《嘉慶重修大清一統志》城墻資料彙編／成一農編．—北京：中國社會科學出版社，2016.10
（中國古代城池基礎資料彙編．第一輯；第一册）
ISBN 978－7－5161－9134－7

Ⅰ.①嘉…　Ⅱ.①成…　Ⅲ.①城墻—史料—彙編—中國　Ⅳ.①K928.77

中國版本圖書館 CIP 數據核字（2016）第 252545 號

出 版 人　趙劍英
選題策劃　郭沂紋
責任編輯　劉　芳
責任校對　董曉月
責任印製　李寡寡

出　　版　中国社会科学出版社
社　　址　北京鼓樓西大街甲 158 號
郵　　編　100720
網　　址　http：//www.csspw.cn
發 行 部　010－84083685
門 市 部　010－84029450
經　　銷　新華書店及其他書店

印刷裝訂　北京君昇印刷有限公司
版　　次　2016 年 10 月第 1 版
印　　次　2016 年 10 月第 1 次印刷

開　　本　710×1000　1/16
印　　張　21.5
字　　數　364 千字
定　　價　81.00 圓

前　言

一

本資料集原是中國社會科學院重點項目和社科基金青年項目“中國古代城市地理信息系統”的基礎資料。作爲個人項目，“中國古代城市地理信息系統”的構架顯然過於宏大了，在實際執行中，受到技術能力和條件的限制，這兩個項目所建立的地理信息系統最終衹能用於解決本人感興趣的一些問題，缺乏拓展性，因此未對外公佈。

本人最初並未有將用於構建“中國古代城市地理信息系統”的基礎資料進行出版的構想，但在中國社會科學出版社郭沂紋老師的鼓勵下，思量再三，感覺出版紙本資料在目前依然有其一定的學術意義，因此才有了目前這一套資料集。那麼在現在歷史文獻大量數字化的情況下，這種紙本專題資料集的意義何在呢？其實這一問題可以更爲尖鋭地表達爲，在數字化的時代，紙本專題資料集還有出版價值嗎？

要回答這一問題，還需要回到學術研究本身。誠然，當前歷史文獻的數字化極大地便利了學術研究，以往學者可能花費數年、數十年進行的資料搜集、整理的工作，現在可能數小時或者短短幾天就可完成。就這一角度而言，紙本專題資料集確實已經失去意義。但問題在於，使用數字化資源進行檢索的前提是需要研究者有着明確的“問題”，即衹有形成了“問題”，才能利用數字化的文獻資料進行檢索。那麼“問題”是如何形成的呢？其中一個途徑就是對原始資料的大量閱讀，這就是紙本專題資料集學術價值所在，而這也是數字化文獻所無法替代的。誠然，目前通過數字化文獻以及其提供的便利的檢索方式推進了對一些史學問題的認識，但這些被解決的問題中又有多少是通過對數字化文獻的檢索提出來的呢？基本是没有的，甚至很多通過檢索數字化文獻進行的研究，其基本思路也是傳統的。

本人最初關於中國古代城市的研究就來源於對文本文獻的閲讀。攻讀博士期間，我在導師李孝聰教授的指導下開始系統翻閲《天一閣藏明代方志選刊》及《續刊》，並整理其中與城墻有關的資料。在閲讀中發現，這些方志中關於宋元時期和明代前期城墻修築的記載非常少，這似乎不符合城墻是中國古代城市的標志的傳統觀點；此外，傳統認爲的唐宋之際城市革命的重要體現之一坊墻的倒塌，在這些地方志中也没有任何痕迹可循，而上述這兩點來自史料閲讀的疑問構成了我後來博士論文和第一本著作的主體内容，這些問題不是簡單的史料檢索可以發現的。

不僅如此，在整理中國古代城市資料的過程中我還曾注意到了一些問題，衹是隨着興趣點的轉移這些問題已經没有時間去深入研究了。如從地方志的記載來看，各地文廟的初建雖然存在地域差异，但幾乎很少有早於宋代的，這不同於目前通常認爲的文廟普遍興建於唐代的觀點①。又如，宋代的廟學，無論是建築布局還是建築的名稱並不統一，明清時期，兩者都逐漸規範化，尤其是明嘉靖和清雍正時期廟學建築的名稱以及建築布局都發生了一些重要的變化，而這兩個時期也都發生了一些重要的歷史事件，如嘉靖時期的大禮議、雍正時期的文字獄，這些與廟學建築的變化是否存在聯繫？此外，如果大量閲讀廟學的修建碑刻（碑刻資料會在本資料集的後續各輯中出版），就會發現在某些時期和地區，碑刻的撰寫有着相似的内容結構：一般通常會先描述廟學的破敗，然後再叙述現任地方長官到任之初傷感於廟學的破敗，不過其並未立刻着手廟學的修建，衹是等到經過一段時間的治理，地方民風淳樸、經濟發展之後，才向地方官吏和士紳提出修理廟學的建議，而這一建議立刻得到了積極的回應。不過，廟學的修建並未驚動一般百姓，資金大都來源於地方長官、官吏和士紳的集資，甚至直到廟學修建完成之後，地方百姓才得以知曉，也就是説此舉並未勞民傷財。最後，感慨於地方長官的善政和地方官吏、士紳的義舉，地方上公推碑文的作者來撰寫碑文以示紀念。但碑文的作者以自己才疏學淺一再謙讓，衹是最終在認識到如果自己不寫碑文，這些善政和義舉將會被

① 對此，本人曾經簡單地撰寫過一篇小文，參見《宋、遼、金、元時期廟學制度的形成及普及》，《十至十三世紀中國文化的碰撞與融合》，上海人民出版社 2006 年版。

後人忘記之後才不得不下筆。如果將廟學認爲是中國地方城市中一類非常特殊的建築，在這些碑刻之中，我們是否可以看到各種利益的彙集、國家與社會的互動？

總體來説，在如今數字化的時代，“查詢”衹是解答史學問題的方式之一，而不是提出“問題”的方法。

二

本資料集原來的名稱爲“中國古代城市基礎資料”，但後來改爲“中國古代城池基礎資料彙編”，主要有着以下考慮。

中國古代即有“城市”一詞，而且産生的時間較早，在電子版《四庫全書》中以“城市”一詞進行檢索，總共命中3423條[①]。關於這些“城市邑”“城市”，有些學者認爲表達的即是現代“城市”的含義，當然這也與“城市”概念的界定有關，如馬正林在《中國城市歷史地理》一書中提出的“城市”概念是“也就是説，中國古代的城是以防守爲基本功能。城市則不然，它必須有集中的居民和固定的市場，二者缺一都不能稱爲城市。根據中國歷史的特殊情況，當在城中或城的附近設市，把城和市連爲一體的時候，就産生了城市”[②]，並由此推斷中國古代城市出現的時代應該是西周，即“夏商的都城是否設市，既無文獻上的依據，也没有考古上的證明，衹有西周的都城豐鎬設市，有《周禮·考工記》爲證”[③]，並由此認爲文獻中出現的“城市邑”和“城市”即是現代意義的“城市”概念。他提出的這一對城市概念的界定，即“城（城墻）”+“市”=“城市”，在中國古代城市研究中具有一定的代表性[④]，雖然不能説馬正林提出的認識是錯誤的，畢竟關於“城市”的概念至今也没有達成一致的意見，但這並不能説明古代文獻中出現的“城市”一詞具有

① 其中有很多並不是作爲“城市”這個詞彙出現，或是城和市兩個概念的合稱或是偏重于“市”，因此實際上出現的次數要遠遠少於3423條。

② 馬正林：《中國城市歷史地理》，山東教育出版社1998年版，第18頁。

③ 同上書，第19頁。

④ 董鑒泓：《中國城市建設史》，中國建築工業出版社1989年版，第5頁。

了現代“城市”的含義[1]。當然，我們可以用現代的“城市”概念來界定古代的聚落，但無論近現代“城市”的概念如何界定，實際上都是從本質上（主要是經濟、社會結構）將一組特殊的聚落與鄉村區分開來，那麼我們首先需要考慮的是中國古代是否曾將某些聚落認爲是一種特殊的實體，如果存在這種認識，那麼這些特殊的聚落是否與近現代“城市”概念存在關聯。下面先對這一問題進行分析：

除了遼、金、元三個少數民族政權之外，在中國古代的行政體系中，並不存在單獨的現代意義的建制城市。韓光輝在《元代中國的建制城市》[2]《中國元代不同等級規模的建制城市研究》[3]《宋遼金元建制城市的出現與城市體系的形成》[4] 等論著中對遼、金、元時期，尤其是元代建制城市的出現和發展過程進行了叙述。根據韓光輝的分析，設置建制城市（也就是録事司）的標準，並不是現在通常用來界定“城市”的經濟、人口等數據，而主要依據的是城市的行政等級，即“録事司，秩正八品。凡路府所治，置一司，以掌城中户民之事。中統二年，詔驗民户，定爲員數。二千户以上，設録事、司候、判官各一員；二千户以下，省判官不置。至元二十年，置達魯花赤一員，省司候，以判官兼捕盗之事，典史一員。若城市民少，則不置司，歸之倚郭縣。在兩京，則爲警巡院”[5]，從這一文獻來看，界定“建制城市”的標準首先是行政等級，然後才是人

---

① 總體來看，馬正林所提概念涵蓋的範圍過於寬泛了，有“市”和一定的居民即可以爲城市，且不説其中的市是否是固定市還是集市，人口要到多少才算是達標，如果按照這一概念，不僅中國古代大多數行政城市，以及衆多的鄉鎮聚落都可以作爲城市，而且世界古代的大多數聚落似乎也可以界定爲城市了。對於這種定義，李孝聰在《歷史城市地理》一書中批評道“而且，城市作爲人類社會物質文明與精神文化最重要的載體，僅僅用城墻和市場這兩個具體而狹隘的標準來衡量也是缺乏説服力的”，山東教育出版社 2007 年版，第 4 頁。此外，由於“城市”一詞具有的誤導性，讓人容易理解爲“城”+“市”，因此有學者認爲應當放棄對這一詞彙的使用，參見王妙發、鬱越祖《關于“都市（城市）”概念的地理學定義考察》，《歷史地理》第 10 輯，上海人民出版社 1992 年版，第 133 頁。而且“城市”一詞在古代可能僅僅表示“城”的含義，這點參見後文分析。

② 韓光輝：《元代中國的建制城市》，《地理學報》1995 年第 4 期，第 324 頁。

③ 韓光輝、劉旭、劉業成：《中國元代不同等級規模的建制城市研究》，《地理學報》2010 年第 12 期，第 1476 頁。

④ 韓光輝、林玉軍、王長鬆：《宋遼金元建制城市的出現與城市體系的形成》，《歷史研究》2007 年第 4 期，第 42 頁。

⑤ 《元史》卷九十一《百官志》，中華書局 1976 年版，第 2317 頁。

口，如果行政等級不高，人口再多也不能設置録事司；同時，文獻中對於“若城市民少，則不置司”中的“民少”並没有具體的規定，另外不設判官的標準爲两千户以下，並且没有規定下限，則更説明“民少”的標準是模糊的。不僅如此，雖然我們不能確定元代“城市”發展的水平，但明清時期“城市”的發展應當不會低於元代，但這種建制城市却在元代滅亡後即被取消。從這點來看，“建制城市”的出現並不能代表中國“城市”的發展水平，而且也没有確定一種傳統，可能只是中國歷史發展中的偶然現象。總體來看，就行政建制方面而言，中國古代缺乏現代意義的“城市”的劃分標準，“城”通常由管轄周邊郊區的附郭縣（府州及其以上行政層級）或者縣管轄，“城”與其周邊地區的區分在行政層面上並不重要。

不僅如此，在漫長的歷史中，除了元代之外，清末之前幾乎没有用來確定某類特殊聚落地位的標準。在各種文獻中提到的“城”，通常是那些地方行政治所和一些修築有城墻的聚落，因此如果要尋找劃分標準，那就是“地方行政治所”和“城墻”，但這兩者又不完全統一。一方面，至少從魏晋至明代中期，很多地方行政治所並没有修築城墻①；另一方面大量修築有城墻的聚落又不是地方行政治所。因此，中國古代文獻中的“城”，其實包含兩方面的含義，一方面是地方行政治所（不一定修築有城墻）；另一方面是有墻聚落。兩者之中，都涵蓋了各色各等差异極大的聚落，有墻聚落中既有規模居於全國首位的都城，也有周長不超過 3 里圍繞一個小村落修建的小城堡。即使行政治所，規模差异也很大②。因此文獻中“城”和“城池”這類的概念實際上表示的是一種地理空間，而並不具有太多的其他意義。

中國古代編纂的各種志書中，在涉及地方的部分基本上很少將與城有關的内容單獨列出。如現存最早的地理總志《元和郡縣圖志》，其中所記政區沿革、古迹、山川河流都没有區分城内城外，而且也極少記録城郭的情況。《元和郡縣圖志》之後的地理總志，雖然記述的内容更爲豐富，但

---

① 參見成一農《中國古代地方城市築城簡史》，《古代城市形態研究方法新探》，社會科學文獻出版社 2009 年版，第 160 頁。

② 參見成一農《清代的城市規模與城市行政等級》，《古代城市形態研究方法新探》，社會科學文獻出版社 2009 年版，第 126 頁。

也大致遵循這一方式，即没有强調“城”的特殊性。地理總志以外的其他志書也基本如此，如《十通》，在記述各種經濟數據（如人口、税收等）、山川、衙署等内容時，並不將城的部分單獨列出。宋代之後保存至今的地方志中雖然通常有“城池”一節，但主要記録的是城墻和城濠的修築情況；“坊市”中雖然主要記載的是城内的坊（或牌坊）和市的分佈，並與城外的鄉村（或者厢、隅、都等）區分開來，但這可能是受到行政建置（城内與鄉村的行政建置存在差异）的影響；在其他關於地理的章節（如橋樑、寺廟）、關於經濟的章節（如食貨、户口）等中基本看不到對城的强調。因此，可以認爲在這些志書的編纂者看來，作爲行政治所的“城”並没有太大的特殊性，或者説他們心目中並没有歐洲中世紀那些具有特殊地位的“城市”。

此外，雖然中國古代早已有“城市”一詞，但其含義與近現代的概念並不相同，如清代編纂的關於北京的《日下舊聞考》中有以“城市”命名的章節，記載城内的街巷、寺廟、景物等，但該書主要是分區域記述的，與“城市”對應的章節分别爲“皇城”“郊坰”和“京畿”等，因此“城市”一詞在這裏很可能只是一種空間分區，表示的是城墻以内皇城以外的範圍，類似於“城”或者“城池”。另如《後漢書·西羌傳》記“東犯趙、魏之郊，南入漢、蜀之鄙。塞湟中，斷隴道，燒陵園，剽城市，傷敗踵係，羽書日聞”[1]；又如《北齊書·陽州公永樂傳》“永樂弟長弼，小名阿伽。性粗武，出入城市，好毆擊行路，時人皆呼爲阿伽郎君”[2]，這些文獻中的“城市”一詞同樣並不一定表示的是現代意義的“城市”，很可能只是“城”或“城池”的同義詞，而且文獻中這類的用法還有很多。總體來看，中國古代文獻中的“城市”一詞很可能並不表示現代或者西方與文化、文明、公民等概念有關的含義。

不僅文獻如此，在流傳至今的古代輿圖中，極少出現現代意義的“城市圖”，大部分表示“城”的輿圖往往將城與其周邊區域繪製在一起。當然方志中的“城池圖”是例外情況，其表現的是整個政區的組成部分之一，在明清時期的很多方志之中，除了“城池圖”之外，還有着大量表示鄉村的疆里圖，因此這種“城池圖”表現的實際上是一種地理單位，

① 《後漢書》卷八七《西羌傳》，中華書局 1965 年版，第 2900 頁。

② 《北齊書》卷一四《陽州公永樂傳》，中華書局 1972 年版，第 182 頁。

重點並不在於强調城的特殊性。另外宋代保存下來的幾幅“城圖”，都有着特殊的繪製目的，《平江圖》是在南宋紹定二年（1229）李壽朋對蘇州里坊進行了調整並重修了一些重要建築之後繪製的，是用來表示這些成果的地圖；《静江府城圖》則是出於軍事目的大規模修建静江府城池之後，用來記録修城經過和花費的城圖，圖中上方題記中詳細記載了修城的經過和所修城池的長、寬、高與用工、費、料以及當時經略安撫使的姓名即是明證，從文獻來看，這樣的城圖在宋代還有一些。宋代之後直至清末之前，除了都城之外，與其他專題圖相比較（如河工圖、園林圖），以“城”爲繪製對象的輿圖較爲少見。以《美國國會圖書館藏中文古地圖叙録》[①] 一書爲例，其中收録有美國國會圖書館所藏中文古地圖約300幅，其中城圖僅有19幅。在這19幅城圖中，北京地圖有6幅，其餘的13幅地圖中繪製於同治時期的2幅、光緒時期的8幅、清後期的1幅（即《浙江省垣水利全圖》，李孝聰教授認爲該圖與清同治三年浙江官書局刊印的《浙江省垣城廂全圖》刊刻自同一時期或稍晚），繪製於清代中期的只有2幅（《萊州府昌邑縣城垣圖》[②] 和《寧郡地輿圖》）。從中國傳統輿圖來看，與今天大量出現的城市圖不同，除了方志中的“城池圖”和單幅的都城圖之外，中國古代極少將“城”作爲一種單獨的繪圖對象。

總體來看，中國古代可能存在有現代意義的“城市”，但並没有突出强調某類聚落性質上的特殊性。“城”“城池”，甚至“城市”的劃分標準很可能衹是地理空間，而不是現代的從内涵上進行的界定，同時也没有從經濟、社會等方面對聚落進行劃分的標準，因此可以認爲中國古代並無“城市”這樣的概念。出現這種情況，並不是説明中國古代没有現代意義的城市，而是説明中國古代並没有一種我們現代認爲的“城市”的概念或者認識。

總體而言，中國古代肯定存在“城市”（具體如何界定則需要根據所使用的概念），但並無類似於近現代或者西方從經濟或社會的角度界定的“城市”的概念和劃分標準，而衹有“城”或者“城池”這樣的地理空間的劃分。大概只是到了清末，隨着與西方接觸的密切，西方“城市”的概念才逐漸進入中國，中國獨立於鄉村的“城市”的意識才逐漸明晰，

---

① 李孝聰：《美國國會圖書館藏中文古地圖叙録》，文物出版社2004年版。

② 通過進一步分析，該圖實際上應該繪製於光緒年間。

也才開始注意城鄉之間的劃分。基於此，由於本資料集主要涉及的是各個時期治所城池空間範圍内（以及周邊的）地理要素，因此用“城池”來作爲書名應當更爲準確。

三

再回到本資料集的來源——歷史城市地理信息系統。由於具有較强的實用性和綜合性，因此歷史城市地理信息系統是目前國内歷史地理信息系統開發的熱點。不過，大部分可以查閲到信息的已經完成或者正在建立的城市歷史地理信息系統，目前大都未能對外公佈數據，也未能與各城市的UGIS或“數字城市”計劃相銜接，從而限制了這些數據的使用。如南京市城市規劃編制研究中心負責的基於3S技術的南京歷史空間格局數字復原研究，已於2010年7月27日通過項目驗收，其最終體現爲“南京市歷史文化空間格局演變應用服務系統”。在網絡上可以查到這一項目的獲獎信息，但無法找到這一系統的網站和使用方法。之所以出現上述現象，其原因很可能是因爲這些系統未能達到立項時設計的目的，無法滿足研究和使用的需要。

從理論上講，單一城市歷史地理信息系統的開發與現代城市地理信息系統的開發最爲主要的差异就是存在“時間軸”的問題，但只要引入滿志敏教授提出的地理要素生存期的概念，那麽這一問題基本可以得到解决。因此在技術層面上，開發單一城市歷史地理信息系統的難度並不大，這些系統未能滿足研究和使用需要的原因應當源於技術之外。

全國或區域性的城市歷史地理信息系統的開發，目前能見到的主要是本人的“中國歷史城市地理信息系統”，但由於技術上的問題，這一系統遠遠未能達到最初設計時的目的，其數據結構的設定只能爲某些特定問題的研究提供相應的服務。總體來看，目前開發完成和正在開發的歷史城市地理信息系統大都未對外公佈的原因，可以分爲技術方面的與技術之外的。首先分析技術方面目前存在的問題：

第一，不同於現代數據，現存的中國古代的信息數據通常缺乏量化，而且中國不同時期以及不同區域的度量衡存在差异，因此將文獻中記載的具體數據轉化爲現代度量衡單位時存在不小的困難。此外，還經常會遇到不同文獻所載數據存在差异，但無法輕易判斷其中對錯的情况。面對上述問題，歷史城市地理信息系統的建設需要在數據方面花費大量的時間，因此其開發的週期要比現代城市地理信息系統更長，也需要更大的資金投入。

第二，涵蓋區域或全國城市的歷史地理信息系統的數據結構的設計在技術上難度很大。涵蓋區域和全國城市的歷史地理信息系統，如果是關於城墻、廟學、寺廟、衙署等單一功能建築的專題性質的信息系統，數據結構的設計難度並不大。目前數據設計方面難度最大的就是，如何在涵蓋區域和全國城市的歷史地理信息系統中包含城市所有的功能建築。當然如果僅僅是專題地理信息數據整合，難度也不大，但這樣的地理信息系統並不能達成數據整合的意義，因爲城市中功能建築之間的位置關係和時間關係是具有研究價值的，其中時間關係通過生存期的概念並結合檢索技術基本可以實現，但對功能建築之間位置關係進行查詢和分析則較難實現。尤其是建立區域和全國歷史城市地理信息系統的時候，由於這一歷史地理信息系統不涉及城市內部的“面”，因此無法通過空間查詢功能來達成對全國城市某些類別功能建築之間位置關係的分析。

除了技術方面的因素之外，目前影響城市歷史地理信息系統以及其他類型歷史地理信息系統開發的主要有以下幾個因素：

第一，歷史地理信息的開發，無論是數據的考訂、分析和轉換，還是數據結構的設計、平臺的搭建，都需要投入大量的時間，而且還需要不斷投入時間進行數據和平臺的維護和更新，而這些都不是目前“論文至上”的學科評價體系所承認的研究成果，因此很少有學者願意投入大量的時間和精力來從事這方面的工作。

第二，雖然目前對於歷史地理信息系統的價值和作用在歷史地理學界中得到了廣泛的認可，但目前無論是在學術研究方面，還是在現實應用方面，歷史城市地理信息系統都未取得與其投入資金相對應的成果。而且與目前如火如荼的古籍數字化不同，歷史地理信息系統的使用需要一定的技術能力，無法短時期內就被研究者所普遍使用，難以産生立竿見影的效果。可能正是由於這一原因，使得國家、城市管理部門以及各個研究單位對於需要耗費大量資金和時間，短期內難以見到顯著成效的歷史地理信息系統的投入持保留態度。

第三，包括歷史城市地理信息系統在內的歷史地理信息系統的開發實際上需要文理科的聯合，其中人文學科的學者無法處理設計數據結構時遇到的錯綜複雜的數據關係和進行地理信息系統平臺的深入開發；而理科出身的地理信息系統的研發者很多時候無法正確處理文獻中記載的數據，或者把握模糊處理這些數據的尺度，而且很多時候也無法明瞭研究者所需要的數據關係。最近一段時期以來，雖然國家和研究院所都鼓勵跨學科的研究，但實際上取得的成果極其有限，這一問題產生的原因非常複雜，其中最爲重要的原因之一，可能在於文理科學者思維上的差异所造成的研究思路上的隔閡，而目前“碎片化”的學科體制使得文理科學者之間缺乏一種能長期對話、合作的機制，而這種機制應當從研究者的培養階段，也就是大學時期就開始建立。

總體來看，目前以歷史城市地理信息系統爲代表的歷史地理信息系統，雖然取得了一些零散的成就，但從長遠來看，依然缺乏明確的發展前景，短期內也無法取得突破和獲得重要的研究成果，因此如果歷史地理學界公認這一技術手段今後必然會極大地推動歷史地理學甚至歷史學的研究的話，那麼就應當合整個學界之力，致力於這一系統的開發。對此，本人設想應當需要採取以下措施：

第一，以某一具有廣泛影響力的研究機構爲核心，聯合國內各研究院所建立某種形式的研究機構，進行以城市歷史地理信息系統爲代表的歷史地理信息系統平臺的開發，并且説服國家或者研究基金投入大量資金扶持這一難以短期產生效益和成果的項目，但又屬於前沿性和基礎性的學術基礎數據平臺的建設。

第二，以這一機構和研究項目爲基礎，吸收青年學者參加，通過制定特殊的職稱評審體制，鼓勵研究者安心長期從事這一基礎領域的工作。

第三，在歷史地理信息系統的開發中，重視建立一種促使文理科研究者深入討論與合作的機制，通過各種方式達成雙方對對方思維方式、思路、研究目標、理念的理解。

第四，在歷史地理信息系統項目建設之初，應當投入大量的時間確定一套有着普遍適用性和擴展性的數據標準，並將這一標準公之於衆。然後，再以這一平臺和標準爲基礎，或對現有的成套、比較成熟的文本數據進行加工，或以項目的形式組織研究人員整理製作各種類别的地理信息系統數據，並鼓勵和幫助其他研究機構使用這套數據標準建立各自的數據和地理信息系統。由此才能最終建立起一套可以相互銜接、不斷擴充的數據集。

四

因爲當前本人的主要精力已經轉移到了古地圖的研究，雖然還在進行古代城市的研究工作，但投入的精力已經大不如前，不過歷史地理信息系統的建設依然是今後長期關注的重點，其原因一方面是這一研究方法今後很可能會帶動整個學科的發展，另一方面是希望通過這一方法將歷史學、地理學和現實問題結合起來，因此今後本資料集還會繼續出版。大致的安排如下：第二輯和第三輯，以地方志中的城墻資料和廟學資料爲主，也就是第一輯的續編；第四輯，主要收録與城墻和廟學有關的碑刻材料；第五輯，爲宋元方志中的城市基礎資料彙編。

五

我非常高興能借此機會向恩師李孝聰教授表達謝意！没有他的指引和無微不至的呵護以及在我後來的學術發展中給予的最大可能的幫助，我的學術研究無法走到今天這一步。在我學術成長中給予我各方面引導、支持和幫助的魯西奇教授、張曉虹教授、侯甬堅教授、唐曉峰教授、辛德勇教授、韓茂莉教授、華林甫教授、卜憲群研究員、王震中研究員、楊珍研究員等，在此一併表示謝意。還有中國社會科學出版社的副總編審郭沂紋老師，没有她的鼓勵和幫助，這本資料集的出版是無法想象的。最後還要感謝具體負責本書編輯的劉芳、耿曉明，對於這本枯燥無味的資料集，她們投入大量的時間和精力來閱讀並提出了諸多寶貴意見。

目　录

直隸統部

順天府

城池名稱	所屬	城池等級	原文	資料出處
良鄉縣	直隸統部順天府	縣	良鄉縣城，周三里二百二十步，門四。明隆慶中因舊土城甃磚，本朝乾隆元年修。城南五里有郊勞臺，乾隆二十五年，大將軍兆惠等平定回部班師，高宗純皇帝特命舉行郊勞盛典，築臺徑五丈，周圍十六丈五尺，高五尺三寸，層級石欄，至郊勞時，陳得勝纛，行禮於此。四十一年，大將軍阿桂等平定兩金川，行禮如初，並有御製郊勞詩，勒碑臺之北。	卷 6，282 頁。
固安縣	直隸統部順天府	縣	固安縣城，周五里二百六十九步，門四。明正德十四年築，嘉靖六年鑿濠，二十九年甃磚，本朝乾隆十四年改建。	卷 6，282 頁。
永清縣	直隸統部順天府	縣	永清縣城，周五里有奇，門四。明正德五年拓築，隆慶二年甃磚，本朝康熙十五年修，乾隆十四年重修。	卷 6，282 頁。

续表①

東安縣	直隸統部順天府	縣	東安縣城，周七里有奇，門四，外有濠。明弘治後相繼增築，本朝康熙十五年重修，乾隆十四年改建，十八年重修。	卷6，282頁。
香河縣	直隸統部順天府	縣	香河縣城，周七里二百步，門四。舊土築，明正德二年甃磚。本朝屢經修葺。	卷6，282頁。
通州	直隸統部順天府	屬州	通州城，周九里有奇，門五。明洪武初因舊址修築。正統間置西、南二倉，建新城護之，周八里，連接舊城西面，爲門二。萬曆二十二年，又引通惠河繞城爲濠，建閘一，橋四。本朝康熙九年，新舊兩城並修。乾隆三十年改建，合新舊爲一城。	卷6，282頁。
三河縣	直隸統部順天府	縣	三河縣城，周六里，門四。五代時築，本朝雍正五年修，乾隆十年、十七年重修。	卷6，282頁。
武清縣	直隸統部順天府	縣	武清縣城，周八里有奇，門三。明正德、嘉靖中築，隆慶三年甃磚，本朝乾隆三十一年修。	卷6，282頁。
寶坻縣	直隸統部順天府	縣	寶坻縣城，周六里，門四，濠廣四丈。舊土築，明弘治中甃磚，本朝乾隆三十一年修。	卷6，282頁。

① 爲叙述方便各表只在開始處加表頭，續表不再加表頭。

续表

寧河縣	直隸統部順天府	縣	寧河縣城，未建。	卷6，282頁。
昌平州	直隸統部順天府	屬州	昌平州城，周六里，門三。明景泰初築。萬曆元年，又於城南築增新城，周四里，門一。本朝康熙十四年改建磚城，周十里，門四，外有濠，廣三丈。乾隆十年修。	卷6，282頁。
順義縣	直隸統部順天府	縣	順義縣城，周六里，門四。濠廣四丈，明萬曆中建，本朝康熙十七年修，乾隆九年、十七年重修。	卷6，282頁。
密雲縣	直隸統部順天府	縣	密雲縣城，有新、舊二城。舊城，明洪武中建，周九里有奇，門三；新城在舊城東五十步，明萬曆四年建，周六里有奇，門三，外皆有濠。本朝康熙五十六年四月，聖祖仁皇帝駐蹕密雲，以山水驟發沖溢及縣城，特命修葺，於城西開河四百六十餘丈，引水歸入白河，又築護城石堤八百餘丈。雍正八年修，乾隆十年、二十一年、二十六年重修。	卷6，282頁。
懷柔縣	直隸統部順天府	縣	懷柔縣城，周四里有奇，門三。明洪武十四年築，成化三年甃磚，弘治十五年改建，本朝乾隆十六年修，二十三年、二十六年、二十九年重修。	卷6，282頁。

续表

涿州	直隸統部順天府	屬州	涿州城，周九里有奇，門四，濠廣二丈。舊土築，明景泰初甃磚。本朝乾隆四年修，十五年、二十五年、二十九年重修。	卷6，282頁。
房山縣	直隸統部順天府	縣	房山縣城，周四里有奇，門四，外有濠。明隆慶五年因土城石築，本朝屢經修葺。	卷6，282頁。
霸州	直隸統部順天府	屬州	霸州城，周六里有奇，門三，池周八里。明弘治、正德中建，本朝乾隆三年修，二十一年重修。	卷6，282頁。
文安縣	直隸統部順天府	縣	文安縣城，周八里有奇，門五，濠廣三丈，外有堤。明正德九年修土城，本朝康熙間修，乾隆三十三年甃磚。	卷6，282頁。
大城縣	直隸統部順天府	縣	大城縣城，周四里有奇，門四，濠廣六丈。明正德七年因舊址修築，本朝順治九年修，乾隆八年改建。	卷6，282頁。
保定縣	直隸統部順天府	縣	保定縣城，舊城周六里六十九步，導玉帶水環城爲池。明嘉靖二十九年因舊址之西北隅改築東南二面，周八百八十九步，門四。本朝乾隆十八年修。	卷6，282頁。

续表

薊州	直隸統部順天府	屬州	薊州城，周九里有奇，門三。明洪武四年建，本朝康熙四十一年修，乾隆三年、十六年重修。	卷6，282頁。
平谷縣	直隸統部順天府	縣	平谷縣城，周三里，門四，濠廣二丈。明嘉靖中因舊址築，本朝乾隆四十五年修。	卷6，282頁。

保定府

城池名稱	所屬	城池等級	原文	資料出處
保定府	直隸統部	府	保定府城，周十二里有奇，門四，濠廣五丈。明建文四年築，隆慶初甃磚，本朝雍正七年重修，乾隆十八年、嘉慶十三年重修。清苑縣附郭。	卷12，572頁。
滿城縣	直隸統部保定府	縣	滿城縣城，周四里有奇，門二，濠廣一丈五尺。遼時舊址，明成化十一年甃磚，本朝康熙十八年修，乾隆三十四年重修。	卷12，572頁。
安肅縣	直隸統部保定府	縣	安肅縣城，舊有南、北二土城，相傳五代時築。後南城毀，明景泰中增修北城，周四里，門二，甃以磚，濠廣二丈。本朝順治間修，乾隆九年、三十一年重修。	卷12，572頁。

续表

定興縣	直隸統部保定府	縣	定興縣城，周五里有奇，門四，濠廣一丈五尺。金大定七年築，明隆慶五年甃磚，本朝順治十年修，乾隆七年、三十一年重修。	卷 12，572 頁。
新城縣	直隸統部保定府	縣	新城縣城，周三里有奇，門二，濠廣三丈。明時因舊址增築，本朝康熙十四年修，乾隆十九年重修。	卷 12，572 頁。
唐縣	直隸統部保定府	縣	唐縣城，周四里有奇，門三。明因舊址增築，本朝屢加修葺。	卷 12，573 頁。
博野縣	直隸統部保定府	縣	博野縣城，周四里有奇，門三，濠廣二丈，有護城堤。明洪武二年築，崇禎中甃磚。	卷 12，573 頁。
望都縣	直隸統部保定府	縣	望都縣城，周四里有奇，門二，濠廣四丈。相傳唐武德四年築，明時修葺。本朝順治五年修，康熙四年甃磚，乾隆七年、三十一年、嘉慶十五年重修。	卷 12，573 頁。
容城縣	直隸統部保定府	縣	容城縣城，周三里有奇，門三，濠廣三丈五尺。明景泰後相繼修葺，本朝康熙元年甃磚，乾隆六年修。	卷 12，573 頁。
完縣	直隸統部保定府	縣	完縣城，周九里有奇，門三。隋時舊址，明成化後屢修。崇禎中甃磚，引堯城河水爲濠。本朝康熙十一年修，乾隆二十九年、嘉慶十五年重修。	卷 12，573 頁。

续表

蠡縣	直隸統部保定府	縣	蠡縣城，周八里，門二，濠廣三丈。明天順中因舊址築，崇禎中甃磚，又築護城堤。本朝順治五年修，並引唐河水繞隍。乾隆四十二年重修。	卷 12，573 頁。
雄縣	直隸統部保定府	縣	雄縣城，周七里有奇，門三，環以濠。明洪武初因舊址建，本朝康熙年間修。	卷 12，573 頁。
祁州	直隸統部保定府	屬州	祁州城，周六里有奇，門三，濠廣二丈。明成化中因舊址建，隆慶初增築外城。	卷 12，573 頁。
束鹿縣	直隸統部保定府	縣	束鹿縣城，周六里有奇，門四，濠廣二丈餘。明天啓四年建，本朝康熙八年修葺。	卷 12，574 頁。
安州	直隸統部保定府	屬州	安州城，舊土城，周五里有奇，門四，濠廣丈餘。宋楊延朗築，明時增修。本朝乾隆四十四年改建磚城。	卷 12，574 頁。
高陽縣	直隸統部保定府	縣	高陽縣城，周五里，門四，濠廣四丈。明天順中建，本朝乾隆二十四年修，二十九年重修。	卷 12，574 頁。
新安縣	直隸統部保定府	縣	新安縣城，舊土城，周七里有奇，門五，外有濠。明洪武間因舊址建，崇禎十一年修，本朝乾隆十七年重修，四十四年改建磚城。	卷 12，574 頁。

永平府

城池名稱	所屬	城池等級	原文	資料出處
永平府	直隸統部	府	永平府城，周九里有奇，門四，小水門一，濠廣五丈。明洪武四年因舊土城甃磚，本朝康熙年間修，雍正五年、乾隆十九年重修。盧龍縣附郭。	卷18，746頁。
遷安縣	直隸統部永平府	縣	遷安縣城，周五里，門三，濠廣三丈。明景泰二年因舊土城甃磚，成化四年拓建。本朝順治、康熙年間屢修。	卷18，746頁。
撫寧縣	直隸統部永平府	縣	撫寧縣城，周三里有奇，門四，濠廣五丈。明成化三年建，萬曆十四年於城外周築攔馬墻。本朝乾隆十九年修。	卷18，746頁。
昌黎縣	直隸統部永平府	縣	昌黎縣城，周四里，門四，濠廣四丈。明隆慶元年因舊建築，本朝順治、康熙年間屢修。	卷18，746頁。
灤州	直隸統部永平府	屬州	灤州城，周四里有奇，門四，濠廣三丈。遼時遺址，明景泰間重建，本朝乾隆二十一年修。	卷18，746頁。
樂亭縣	直隸統部永平府	縣	樂亭縣城，周三里，門四，濠廣三丈五尺，外有堤。明成化間修，本朝康熙二十四年修。	卷18，746頁。

续表

臨榆縣	直隸統部永平府	縣	臨榆縣城，周八里有奇，門四，水門三，濠廣二丈。舊爲山海關城，明洪武中建，本朝乾隆三年修，十八年重修。西門上有高宗純皇帝御書榜額，曰："祥靄榑桑。"又有東羅城、西羅城、南新城、北新城，連環五座，亦名五花城。	卷18，746頁。

河間府

城池名稱	所屬	城池等級	原文	資料出處
河間府	直隸統部	府	河間府城，周十六里，門四，濠廣五丈。宋熙寧中築，明萬曆十年甃磚，本朝乾隆九年修。河間縣附郭。	卷21，849頁。
獻縣	直隸統部河間府	縣	獻縣城，周六里，門四，濠廣三丈。金天會八年建，明成化二年重建，本朝康熙七年重修，乾隆三年重修。	卷21，849頁。
阜城縣	直隸統部河間府	縣	阜城縣城，舊土城周五里，門四，環城爲濠，濠外有堤。明成化二年拓東城二里，增設二門。本朝康熙九年修，乾隆十年重修，四十四年甃磚。	卷21，850頁。
肅寧縣	直隸統部河間府	縣	肅寧縣城，舊土城，周六里。明天啓五年改建磚城，周六里有奇，門二，濠廣四丈，外又爲土墻，周八里。本朝康熙五十六年修，乾隆十六年重修。	卷21，850頁。

续表

任邱縣	直隸統部河間府	縣	任邱縣城，周五里有奇，門四。明洪武七年築，萬曆三十八年甃磚，濠廣五丈，引玉帶河水，外有護城堤。本朝乾隆十六年修。	卷21，850頁。
交河縣	直隸統部河間府	縣	交河縣城，周六里，門四。明弘治中築，隆慶中甃磚，本朝康熙十年修，乾隆十六年重修。	卷21，850頁。
寧津縣	直隸統部河間府	縣	寧津縣城，周三里，門四，濠廣一丈五尺。明景泰三年築，隆慶二年甃磚，本朝乾隆十七年修，三十三年重修。	卷21，850頁。
景州	直隸統部河間府	屬州	景州城，舊土城，周四里，門四，濠廣二丈。元天曆間築。本朝康熙十一年修，乾隆九年撤舊增築，二十三年改建磚陴。	卷21，850頁。
吳橋縣	直隸統部河間府	縣	吳橋縣城，周四里有奇，門四。明正統二年因舊址築，崇禎十一年改建磚城。	卷21，850頁。
東光縣	直隸統部河間府	縣	東光縣城，舊土城，周三里有奇。明崇禎十一年改建磚城，周六里，門四，濠廣三丈。本朝康熙十年修，乾隆十三年重修。	卷21，850頁。
故城縣	直隸統部河間府	縣	故城縣城，周四里，門四，濠廣二丈五尺。明成化二年築，本朝康熙六年修，乾隆十五年重修。	卷21，851頁。

天津府

城池名稱	所屬	城池等級	原文	資料出處
天津府	直隸統部	府	天津府城，周九里十三步，門四，外有濠。明永樂二年建，本朝雍正三年奉敕修，乾隆二十六年重修。天津縣附郭。	卷24，968頁。
靜海縣	直隸統部天津府	縣	靜海縣城，周六里，門三，濠廣二丈八尺。本朝乾隆十二年修。	卷24，968頁。
青縣	直隸統部天津府	縣	青縣城，周五里，門三，濠廣二丈。宋時建，本朝乾隆十三年修。	卷24，968頁。
滄州	直隸統部天津府	屬州	滄州城，周八里，門五，濠廣四丈五尺。明天順五年建，本朝乾隆八年修。	卷24，968頁。
南皮縣	直隸統部天津府	縣	南皮縣城，周二千三百丈，門四。明萬曆四十二年改建，本朝乾隆十三年修。	卷24，968頁。
鹽山縣	直隸統部天津府	縣	鹽山縣城，周九里，門三，外有濠。明成化二年建，本朝康熙九年修，乾隆十三年重修。	卷24，968頁。

续表

慶雲縣	直隸統部天津府	縣	慶雲縣城，周四里，門三，濠廣二丈。明成化三年築，本朝順治、康熙年間修，乾隆十四年重修。	卷24，968頁。

正定府

城池名稱	所屬	城池等級	原文	資料出處
正定府	直隸統部	府	正定府城，周二十四里，門四，濠廣十餘丈。本唐宋故址，明正統十四年增築，本朝雍正六年修，乾隆十年、三十四年、嘉慶十六年重修。正定縣附郭。	卷27，1073頁。
井陘縣	直隸統部正定府	縣	井陘縣城，周三里有奇，門五。舊土築，明隆慶三年甃磚，本朝康熙十一年修，雍正五年重修。	卷27，1073頁。
獲鹿縣	直隸統部正定府	縣	獲鹿縣城，周三里有奇，門三，濠廣一丈五尺。舊土築，明成化十六年甃磚，本朝乾隆三十年修，嘉慶二十年重修。	卷27，1073頁。
元氏縣	直隸統部正定府	縣	元氏縣城，周五里，門三。明景泰間因舊址築，萬曆三十年甃石。崇禎中引槐水入渠，廣三丈，又周築土墻以爲外郭。本朝順治六年修，康熙十一年重修。	卷27，1073頁。

续表

靈壽縣	直隸統部正定府	縣	靈壽縣城，周二里有奇，門三，濠廣二丈。舊土築，明成化十八年甃磚，本朝康熙十一年修。	卷27，1073頁。
欒城縣	直隸統部正定府	縣	欒城縣城，周三里有奇，門四，引冶河水爲濠，廣三丈。明洪武十年築，嘉靖二十四年甃磚，崇禎中改建，本朝康熙八年修，四十二年、雍正二年、乾隆十二年、三十年重修。	卷27，1073頁。
平山縣	直隸統部正定府	縣	平山縣城，周四里有奇，門四。金大定二年築，明嘉靖中浚濠，並築護城堤，本朝康熙九年修。	卷27，1073頁。
阜平縣	直隸統部正定府	縣	阜平縣城，周二里有奇。明成化五年因舊址築，周三里有奇。本朝乾隆十一年重建，十八年修。	卷27，1074頁。
行唐縣	直隸統部正定府	縣	行唐縣城，周五里有奇，門三，濠廣二丈，外有堤。明景泰間修，本朝康熙十一年重修。	卷27，1074頁。
贊皇縣	直隸統部正定府	縣	贊皇縣城，周四里，門三，引槐水爲濠。明景泰元年因舊土址修，嘉靖二十一年展築，本朝乾隆十二年重修。	卷27，1074頁。

续表

晉州	直隸統部正定府	屬州	晉州城，舊土城元築，周四里許，門二，濠廣丈餘。明正德六年，增築護城堤，周四里有奇。本朝順治、康熙年間屢修。	卷27，1074頁。
無極縣	直隸統部正定府	縣	無極縣城，周五里有奇，門三，濠廣二丈。明洪武二年建，本朝康熙七年重修，乾隆十一年、三十三年重修。	卷27，1074頁。
藁城縣	直隸統部正定府	縣	藁城縣城，舊城周三里，門二。明正德十五年，增築新城，廣袤四里，改設四門，並鑿渠於新舊城外，廣三丈。本朝順治十年修，乾隆十三年重修。	卷27，1074頁。
新樂縣	直隸統部正定府	縣	新樂縣城，周三里有奇，門二。明景泰初建，本朝康熙十年修，乾隆三十五年重修。	卷27，1074頁。

順德府

城池名稱	所屬	城池等級	原文	資料出處
順德府	直隸統部	府	順德府城，周十三里有奇，門四，濠廣五丈，引達活水入城。宋元舊址，明萬曆間甃磚，本朝順治年間修。邢臺縣附郭。	卷30，1213頁。
沙河縣	直隸統部順德府	縣	沙河縣城，周五里有奇，南北二門，濠廣二丈。明成化十八年因舊址築，本朝乾隆十五年修，二十九年重修。	卷30，1213頁。

续表

南和縣	直隸統部順德府	縣	南和縣城，周四里有奇，門四，濠廣二丈。元至正中築，明崇禎十二年甃磚。	卷 30，1213 頁。
平鄉縣	直隸統部順德府	縣	平鄉縣城，周三里有奇，門六，濠廣二丈餘。明成化初築，崇禎八年增築外郭，周七里有奇。	卷 30，1213 頁。
鉅鹿縣	直隸統部順德府	縣	鉅鹿縣城，周七里有奇，門四，濠廣二丈。明成化中築，萬曆中增外郭，去城里許。崇禎十二年甃磚，本朝順治年間修。	卷 30，1213 頁。
廣宗縣	直隸統部順德府	縣	廣宗縣城，周四里有奇，高二丈三尺，門四，濠廣二丈。明正統間因舊址築，本朝順治十一年修。	卷 30，1213 頁。
唐山縣	直隸統部順德府	縣	唐山縣城，周三里有奇，門二。元至正間改築，本朝康熙九年修。又城南隅有附城，高僅縣城之半，而延袤倍之，門三。	卷 30，1214 頁。
内邱縣	直隸統部順德府	縣	内邱縣城，周四里有奇，外有副城，圍七里，門四。明正德中因舊址築，本朝乾隆三十一年改建。	卷 30，1214 頁。
任縣	直隸統部順德府	縣	任縣城，周五里有奇，門三，濠廣三丈。元築，明崇禎中甃磚，本朝順治、康熙間屢修，乾隆七年重修。	卷 30，1214 頁。

廣平府

城池名稱	所屬	城池等級	原文	資料出處
廣平府	直隸統部	府	廣平府城，周九里有奇，門四，濠廣十二丈。明嘉靖中因舊址築，本朝康熙七年修，乾隆三十一年重修。永年縣附郭。	卷32，1302頁。
曲周縣	直隸統部廣平府	縣	曲周縣城，周五里，門四，引滏水爲濠，廣四丈餘。明萬曆四年、六年因舊址築，本朝順治年間修。	卷32，1302頁。
肥鄉縣	直隸統部廣平府	縣	肥鄉縣城，周七里，門四，明崇禎十三年築。本朝康熙四年，爲漳水所圮，寄治城東舊店營。雍正九年，還復舊治，重築城，周五里，門四，濠廣二丈。	卷32，1302頁。
鷄澤縣	直隸統部廣平府	縣	鷄澤縣城，周三里有奇，門四，濠廣五丈。明崇禎十三年甃磚。	卷32，1302頁。
廣平縣	直隸統部廣平府	縣	廣平縣城，周三里有奇，門三，濠廣二丈。明天順間土築，崇禎十三年甃磚。本朝康熙四十二年，漳水泛溢，城圮，寄治於城西北里許，建築新堡。康熙五十年，仍復舊基，築土城，門三，濠廣三丈。	卷32，1302頁。
邯鄲縣	直隸統部廣平府	縣	邯鄲縣城，周七里有奇，門四，濠廣二丈。明嘉靖二十五年築，本朝康熙七年修，乾隆十九年重修。	卷32，1303頁。

续表

成安縣	直隸統部廣平府	縣	成安縣城，周三里有奇，門三。明正統中因舊址築，崇禎十三年甃磚，本朝康熙十一年修，乾隆六年重修。	卷 32，1303 頁。
威縣	直隸統部廣平府	縣	威縣城，周六里有奇，門四，外有濠。元時舊址，本朝乾隆四十三年修。	卷 32，1303 頁。
清河縣	直隸統部廣平府	縣	清河縣城，周三里，門三，外有濠。明正德七年，於舊城東南隅改築，本朝康熙十四年修。	卷 32，1303 頁。
磁州	直隸統部廣平府	屬州	磁州城，周八里有奇，門四，濠廣二丈。明洪武二十年因舊址築，正德中甃磚，本朝康熙年間修，乾隆二十年、三十一年重修。	卷 32，1303 頁。

大名府

城池名稱	所屬	城池等級	原文	資料出處
大名府	直隸統部	府	大名府城，周八里有奇，門四，外有濠，廣七丈五尺。明建文三年築，嘉靖四十年甃磚，本朝康熙年間修，乾隆三十三年重修。大名、元城兩縣附郭。	卷 35，1411 頁。
南樂縣	直隸統部大名府	縣	南樂縣城，周六里有奇，門四，濠廣一丈。元末築，明嘉靖三十四年甃磚，本朝康熙十二年修。	卷 35，1411 頁。

续表

清豐縣	直隸統部大名府	縣	清豐縣城，周五里有奇，門四，濠廣三丈。明成化初築，崇禎十一年甃磚，本朝康熙十三年修。	卷35，1411頁。
東明縣	直隸統部大名府	縣	東明縣城，周七里有奇，門四，濠廣六丈。明弘治四年築，崇禎十二年甃磚，本朝康熙九年修。	卷35，1411頁。
開州	直隸統部大名府	屬州	開州城，舊土城，周二十四里，門四，濠廣一丈。宋時舊址，明弘治以來相繼修築。	卷35，1411頁。
長垣縣	直隸統部大名府	縣	長垣縣城，周八里有奇，門四，濠廣四丈六尺。明正統十四年築，崇禎十年甃磚，本朝康熙年間修，雍正九年築護城堤。	卷35，1412頁。

宣化府

城池名稱	所屬	城池等級	原文	資料出處
宣化府	直隸統部	府	宣化府城，周二十四里有奇，門四。明洪武二十七年，因舊址展築，正統五年甃磚，本朝康熙十五年修，乾隆七年、二十一年重修。宣化縣附郭。	卷38，1545頁。
赤城縣	直隸統部宣化府	縣	赤城縣城，周三里有奇，門二。本赤城堡，明宣德五年築，本朝乾隆六年修。	卷38，1545頁。

续表

萬全縣	直隸統部宣化府	縣	萬全縣城，周六里三十步，門三，濠廣二丈。本德勝堡，明洪武二十六年築，永樂二年改建。	卷38，1545頁。
龍門縣	直隸統部宣化府	縣	龍門縣城，周四里五十三步，門二。明宣德六年築。	卷38，1546頁。
懷來縣	直隸統部宣化府	縣	懷來縣城，周七里有奇，門三，繞城爲濠，東、北倚山。明永樂二十年築，正統、景泰間甃磚，本朝乾隆五年修，三十七年重修。	卷38，1546頁。
蔚州	直隸統部宣化府	屬州	蔚州城，周七里有奇，門三。明洪武七年石築。	卷38，1546頁。
西寧縣	直隸統部宣化府	縣	西寧縣城，周四里十三步，門四。明天順四年築，本朝康熙十一年修。	卷38，1546頁。
懷安縣	直隸統部宣化府	縣	懷安縣城，周九里三十步，門四，西、南、北三面有濠，廣丈八尺。明洪武二十五年建，本朝乾隆三十一年修。	卷38，1546頁。
延慶州	直隸統部宣化府	屬州	延慶州城，周四里有奇，門三，濠廣三丈。明景泰三年因舊址建，萬曆七年展築，本朝乾隆十二年修。	卷38，1546頁。

续表

保安州	直隸統部宣化府	屬州	保安州城，周四里有奇，門四，濠廣二丈二尺。明永樂十三年建，本朝乾隆四十六年修。	卷38，1546頁。

遵化州

城池名稱	所屬	城池等級	原文	資料出處
遵化州	直隸統部	直隸州	遵化州城，周六里有奇，門四，濠廣三丈。唐時土築，明洪武十一年甃磚，嘉靖、萬曆年間屢修，本朝順治九年修，康熙五十年、乾隆十六年、四十九年重修。	卷45，1787頁。
玉田縣	直隸統部遵化州	縣	玉田縣城，周四里有奇，門三。本土築，明成化三年甃磚，崇禎八年修，本朝乾隆十五年修，二十九年、四十四年重修。	卷45，1787頁。
豐潤縣	直隸統部遵化州	縣	豐潤縣城，周四里有奇，門四，濠廣二丈。舊土築，明正統十四年甃磚，嘉靖、隆慶、崇禎間俱修，本朝乾隆十七年修，二十九年、四十八年重修。	卷45，1787頁。

易州

城池名稱	所屬	城池等級	原文	資料出處
易州	直隸統部	直隸州	易州城，周九里有奇，東西二門。舊土築，明隆慶、萬曆間相繼甃磚，本朝順治中修，乾隆二十二年重修。	卷 47，1839 頁。
淶水縣	直隸統部易州	縣	淶水縣城，周三里有奇，門三。明永樂中建，本朝乾隆四年修，二十六年重修。	卷 47，1839 頁。
廣昌縣	直隸統部易州	縣	廣昌縣城，周三里有奇，門二，濠廣一丈。明洪武三年建，本朝康熙二十四年修。	卷 47，1839 頁。

冀州

城池名稱	所屬	城池等級	原文	資料出處
冀州	直隸統部	直隸州	冀州城，舊城周二十四里，明弘治元年改建内城，方十四里，南、北、西爲三大門，東面、西南隅爲二水門。本朝順治、康熙年間屢修，乾隆十一年、四十四年重修。	卷 49，1898 頁。

续表

南宫縣	直隸統部冀州	縣	南宫縣城，周八里，門四，城外爲隍，隍外爲堤，堤外爲重堤。明成化十四年土築，本朝康熙十一年修。	卷49，1898頁。
新河縣	直隸統部冀州	縣	新河縣城，周三里有奇，門三，濠外有堤。明景泰中建，本朝康熙十四年修。	卷49，1899頁。
棗强縣	直隸統部冀州	縣	棗强縣城，周四里，門三，池繞之，有護城堤。金天會十年土築，本朝順治、康熙間屢修。	卷49，1899頁。
武邑縣	直隸統部冀州	縣	武邑縣城，周四里，門四。明正統十四年建，城外有濠，城南有護城堤。	卷49，1899頁。
衡水縣	直隸統部冀州	縣	衡水縣城，周四里有奇，高二丈，東北隅少缺，象形曰襆頭城，門四。明景泰初土築，本朝順治初年修，乾隆三十一年甃磚。	卷49，1899頁。

趙州

城池名稱	所屬	城池等級	原文	資料出處
趙州	直隸統部	直隸州	趙州城，周十三里，門四，濠廣十丈。明弘治七年因舊址修築，本朝康熙七年修，乾隆十九年重修。	卷51，1955頁。

续表

柏鄉縣	直隸統部趙州	縣	柏鄉縣城，周六里，門四，濠廣三丈。隋時舊址，明嘉靖、隆慶間土築，本朝乾隆三十年甃磚。	卷 51，1955 頁。
隆平縣	直隸統部趙州	縣	隆平縣城，周六里有奇，門四，濠廣三丈，有護城堤。明洪武初建，本朝康熙七年修，乾隆二十四年重修。	卷 51，1955 頁。
高邑縣	直隸統部趙州	縣	高邑縣城，周四里有奇，門四，濠廣三丈。明洪武初因舊址修築。	卷 51，1955 頁。
臨城縣	直隸統部趙州	縣	臨城縣城，周二里有奇，門三。明正統中土築，本朝康熙七年修，乾隆四十二年重修。	卷 51，1955 頁。
寧晋縣	直隸統部趙州	縣	寧晋縣城，周六里，東、南、北三門，濠廣二丈。明成化九年築。嘉靖三年增築三子城以衛三門，二十六年復於東門外增築月城。本朝乾隆四十二年修。	卷 51，1955 頁。

深州

城池名稱	所屬	城池等級	原文	資料出處
深州	直隸統部	直隸州	深州城，周八里，門四，濠廣二丈。明景泰初築，正德六年增高五尺，萬曆二十二年甃磚，本朝康熙十年修，乾隆二十年、嘉慶二十五年重修。	卷 53，2021 頁。

续表

武强縣	直隸統部深州	縣	武强縣城，周四里有奇，門四。明成化十年改築，本朝康熙五年修。	卷53，2021頁。
饒陽縣	直隸統部深州	縣	饒陽縣城，周四里，門三，濠廣二丈。明成化五年築，外有護城堤，周八里。本朝順治二年修。	卷53，2022頁。
安平縣	直隸統部深州	縣	安平縣城，有內、外二城。內城周五里有奇，門四，明成化中建。正德六年又於西、南、北三面增築土垣，周八里，門三，謂之外城。嘉靖二十六年，又增築禦水土堤六里有奇。本朝康熙二十五年修，乾隆三十三年重修。	卷53，2022頁。

定州

城池名稱	所屬	城池等級	原文	資料出處
定州	直隸統部	直隸州	定州城，周二十六里有奇，門四，濠廣十丈。明洪武初因舊址築，本朝康熙十年修，乾隆二十九年、嘉慶十五年重修。	卷55，2075頁。
深澤縣	直隸統部定州	縣	深澤縣城，周四里有奇，門三。明正統中因舊址築，本朝康熙十三年修。	卷55，2075頁。
曲陽縣	直隸統部定州	縣	曲陽縣城，周五里有奇，門五。明正德六年因舊址築，本朝順治十一年甃石浚濠，康熙十一年修。	卷55，2075頁。

盛京統部

盛京

城池名稱	所屬	城池等級	原文	資料出處
盛京	盛京統部	京城	盛京城，周九里三百三十二步，門八，南之左曰德盛，南之右曰天佑，北之東曰福勝，北之西曰地載，東之南曰撫近，東之北曰內治，西之南曰懷遠，西之北曰外攘，門樓八，角樓四，城壕周十里二百四步，廣十四丈五尺，外繚墻周三十二里四十八步。本明瀋陽衛舊址，我太祖高皇帝天命十年，東京遷都於此。太宗文皇帝天聰五年因舊城增拓之；八年，始名曰盛京。康熙十九年增築繚墻，二十一年修葺諸城門樓，三十二年重修城垣，五十四年復修城樓及內外城垣。乾隆八年、十八年、三十七年、三十八年、四十一年、四十三年、四十四年、四十五年、四十七年、四十八年、五十年、五十六年，嘉慶五年、九年、十二年、二十二年、二十四年、二十五年，疊次修補，規制益爲宏備。	卷 57，2138 頁。

興京

城池名稱	所屬	城池等級	原文	資料出處
興京	盛京統部	京城	興京城，周四里，南一門，東二門，北一門。外城周九里，南三門，北三門，東二門，西一門。我太祖高皇帝癸卯年創建此城。乙巳年，增筑外城。	卷58，2220頁。

奉天府

城池名稱	所屬	城池等級	原文	資料出處
奉天府	盛京統部	府	奉天府城，即盛京城，詳見前。本朝康熙三十年，有御製《駐蹕奉天府詩》。乾隆八年，有御製《謁陵禮畢車駕入盛京得七言排律十四韻詩》；十九年、四十三年、四十八年，俱有御製《疊癸亥七言排律十四韻詩》。嘉慶十年，有御製《恭依皇考癸卯七言長律十四韻元韻詩》；二十三年，有御製《再依皇考癸卯七言長律十四韻元韻詩》。承德縣附郭。	卷59，2269頁。

续表

遼陽州	盛京統部奉天府	屬州	遼陽州城，即故都司城，明洪武五年築，周十六里有奇，門六；十六年展築東城，其北又附築土城。永樂十四年改築北城，南北一里，東西四里，門三，合於南城，共周二十四里三百零八十五步，門九。本朝康熙、雍正年間屢修，乾隆四十三年重修，有御製《命查核盛京所屬應修城垣發帑繕治詩》以志事詩；四十八年，有御製《所屬城垣修葺已成詩》《以志詩》《疊戊戌詩韻詩》。嘉慶二十一年題估修補。	卷 59，2270 頁。
海城縣	盛京統部奉天府	縣	海城縣城，舊土城，周六里有奇，門四，濠廣三丈五尺。明洪武九年甃築，後毀。本朝天命八年即舊城東南隅建新城，周二里一百七十六步，門五，縣治仍設於舊城内，康熙、雍正年間屢修，乾隆四十三年重修，嘉慶二十一年題估修補。	卷 59，2270 頁。
蓋平縣	盛京統部奉天府	縣	蓋平縣城，周七里有奇，門三，濠廣一丈八尺。明洪武中因舊修築，本朝乾隆四十三年、嘉慶二十一年重修。	卷 59，2270 頁。
寧海縣	盛京統部奉天府	縣	寧海縣城，即故金州衛城，明洪武初修築，周五里二百十六步，門四，濠廣六丈五尺。本朝康熙、雍正年間屢修，乾隆四十三年、嘉慶二十一年重修。	卷 59，2271 頁。

续表

開原縣	盛京統部奉天府	縣	開原縣城，周十三里二十步，門四，濠廣四丈。明洪武中因舊址修築，本朝康熙、雍正年間屢修，乾隆四十三年、嘉慶二十一年重修。	卷 59，2271 頁。
鐵嶺縣	盛京統部奉天府	縣	鐵嶺縣城，周四里有奇，門四，濠廣三丈。本遼金時銀州故城，明洪武二十一年置衛於今縣東南五百里古鐵嶺城，接高麗界，二十六年徙治於此。本朝康熙、雍正年間屢修，乾隆四十三年、嘉慶二十一年重修。	卷 59，2271 頁。
復州	盛京統部奉天府	屬州	復州城，周四里有奇，東南北門三。明洪武十五年因舊修築，本朝康熙、雍正年間屢修，乾隆四十三年、嘉慶二十一年重修。	卷 59，2271 頁。
岫巖廳	盛京統部奉天府	屬廳	周四里有奇，東南二門。本朝乾隆四十三年，因舊址重築。嘉慶二十一年修。	卷 59，2271 頁。
昌圖廳	盛京統部奉天府	屬廳	周一里有奇，南一門，古名榆樹城。	卷 59，2271 頁。

錦州府

城池名稱	所屬	城池等級	原文	資料出處
錦州府	盛京統部	府	錦州府城，周五里有奇，門四，濠廣三丈五尺。明洪武間修築，弘治間增築東關厢，周二里奇，形勢若盤，俗謂之盤城。本朝乾隆四十三年修，嘉慶二十一年重修。	卷 64，2582 頁。
寧遠州	盛京統部錦州府	屬州	寧遠州城，周五里有奇，門四，濠周七里，明宣德三年築。外城周九里有奇，門四，明季增築。本朝乾隆四十三年修，嘉慶二十一年重修。	卷 64，2582 頁。
廣寧縣	盛京統部錦州府	縣	廣寧縣城，明洪武初因故廣寧府舊址修築，周十里有奇，門六，濠廣二丈。永樂、弘治、正德間展築南關厢，周三里有奇，共周十四里有奇。本朝乾隆四十三年修，嘉慶二十二年重修。	卷 64，2582 頁。
義州	盛京統部錦州府	屬州	義州城，周九里有奇，門四，濠廣三丈八尺。明洪武間修築，本朝乾隆四十三年修，嘉慶二十二年重修。	卷 64，2582 頁。

吉林

城池名稱	所屬	城池等級	原文	資料出處
吉林	盛京統部	將軍	吉林城，周一千四百五十一丈，高一丈，南臨混同江，門五，西一門，東、北各二門。本朝康熙十二年建，乾隆七年修。又今城之東南五百八十里勒富善河西岸，有鄂多理城，周一里一百步有奇，門三，四圍有濠；子城周百步有奇，南一門。本朝初定三姓之亂，國號滿洲，即肇居於此，實爲億萬世發祥重地。	卷 67，2702 頁。

黑龍江

城池名稱	所屬	城池等級	原文	資料出處
齊齊哈爾	盛京統部	將軍	齊齊哈爾城，亦曰奇察哈哩，內城植木爲垣，中實以土，門四，周一千步有奇；城外有郭，周十里，環城有重濠，廣一丈五尺。本嫩江南伯克伊莊地，本朝康熙三十年建城，取嫩江北達呼哩等所居之莊爲名。三十七年，墨爾根副都統移此，次年，將軍亦自墨爾根移駐於此。外城於雍正十年修，乾隆五十七年重修，邊門五座。內城於雍正九年修，乾隆四十五年重修。	卷 71，2912 頁。

江蘇統部

江寧府

城池名稱	所屬	城池等級	原文	資料出處
江寧府	江蘇統部	府	江寧府城，周九十六里，門九，舊十三門，明初惟南門、大西、水西三門因舊更名聚寶、石城、三山，改建通濟、正陽、朝陽、太平、神策、金川、鍾阜、儀鳳、定淮、清凉十門。本朝閉鍾阜、定淮、清凉三門，順治十六年改神策爲得勝，以旌破海寇功。又外城周百八十里，門十六，亦明初建，本朝因之。上元、江寧二縣附郭。	卷 73，3077 頁。
句容縣	江蘇統部江寧府	縣	句容縣城，周七里，門五，環城有濠。明嘉靖三十三年因舊址甃磚。	卷 73，3078 頁。
溧水縣	江蘇統部江寧府	縣	溧水縣城，周五里有奇，門六，環以濠。明嘉靖三十六年始甃石。本朝康熙十三年修，乾隆三十七年重修。	卷 73，3078 頁。

续表

江浦縣	江蘇統部江寧府	縣	江浦縣城，周十六里有奇，門七。明洪武四年築浦子口城，後遷治曠山口，萬曆元年土築，本朝康熙年間修，乾隆三十一年、嘉慶二十三年重修。	卷 73，3078 頁。
六合縣	江蘇統部江寧府	縣	六合縣城，周六里有奇，門六，有濠。明崇禎九年築，本朝乾隆四十三年修。	卷 73，3078 頁。
高淳縣	江蘇統部江寧府	縣	高淳縣城，東北因岡阜，西南藉淳溪爲池，設關防門樓七。明嘉靖五年土築。	卷 73，3078 頁。

蘇州府

城池名稱	所屬	城池等級	原文	資料出處
蘇州府	江蘇統部	府	蘇州府城，周四十五里，門六，水門五，環城浚濠，廣至數丈。唐乾符二年仍舊址重築，元至正十一年增築，本朝康熙、雍正年間屢修。吳、長洲、元和三縣附郭。	卷 77，3266 頁。
昆山縣	江蘇統部蘇州府	縣	昆山縣城，周十二里有奇，門六，水門五，濠廣六丈有奇。元至元十七年土築，明嘉靖十八年甃磚，本朝順治年間修，康熙、雍正年間屢修，乾隆初重修。	卷 77，3266 頁。

续表

新陽縣	江蘇統部蘇州府	縣	新陽縣城，與昆山縣同。	卷77，3266頁。
常熟縣	江蘇統部蘇州府	縣	常熟縣城，周九里有奇，門六，水門五，西北跨山，東、南、北三面環以深濠。元因舊址展築，至正十六年甃磚，本朝康熙十九年修。	卷77，3266頁。
昭文縣	江蘇統部蘇州府	縣	昭文縣城，與常熟縣同。	卷77，3267頁。
吳江縣	江蘇統部蘇州府	縣	吳江縣城，周五里有奇，門四，水門五，濠廣三丈。元至正十四年張士誠拓舊城重築，本朝順治四年修，康熙四年重修。	卷77，3267頁。
震澤縣	江蘇統部蘇州府	縣	震澤縣城，與吳江縣同。	卷77，3267頁。

松江府

城池名稱	所屬	城池等級	原文	資料出處
松江府	江蘇統部	府	松江府城，周九里有奇，門四，濠廣十丈。明初增築，本朝康熙年間修，乾隆三十八年重修。華亭、婁二縣附郭。	卷82，3510頁。

续表

奉賢縣	江蘇統部松江府	縣	奉賢縣城，舊爲青村城，周六里，門四，濠廣十丈。本朝康熙二十二年修，雍正三年置縣治，乾隆四十年重修。	卷82，3510頁。
金山縣	江蘇統部松江府	縣	金山縣城，舊治金山衛，乾隆二十四年移治洙涇鎮，城未建。	卷82，3510頁。
上海縣	江蘇統部松江府	縣	上海縣城，周九里有奇，門六，濠廣六丈。明嘉靖中築，本朝康熙十九年修，雍正九年、乾隆四十年重修。	卷82，3510頁。
南彙縣	江蘇統部松江府	縣	南彙縣城，舊爲南彙城，周九里有奇，門四，濠廣十丈。本朝康熙二十二年修，雍正三年置縣治，五年、乾隆四十年重修。	卷82，3510頁。
青浦縣	江蘇統部松江府	縣	青浦縣城，周六里有奇，門五，濠廣三丈。明萬曆初築。	卷82，3511頁。
川沙廳	江蘇統部松江府	屬廳	川沙廳城，周四里，門四。明嘉靖間築，本朝康熙年間屢修，乾隆三十七年、嘉慶十年重修。	卷82，3511頁。

常州府

城池名稱	所屬	城池等級	原文	資料出處
常州府	江蘇統部	府	常州府城，周十里有奇，高二丈五尺，門七，水門四，池廣十六丈，深二丈。明洪武二年改築，本朝雍正八年修。武進、陽湖二縣附郭。	卷86，3644頁。
無錫縣	江蘇統部常州府	縣	無錫縣城，周十八里，高二丈一尺，門四，水門三，池廣一丈七尺，深二丈。宋乾興中築，本朝康熙七年修。	卷86，3644頁。
金匱縣	江蘇統部常州府	縣	金匱縣城，與無錫縣同。	卷86，3644頁。
江陰縣	江蘇統部常州府	縣	江陰縣城，周九里有奇，高二丈五尺，門四，池廣四丈二尺，深七尺。明正德中築。	卷86，3644頁。
宜興縣	江蘇統部常州府	縣	宜興縣城，周九里有奇，高二丈五尺，門四，池廣三丈，深一丈五尺。明永樂中增築。	卷86，3644頁。
荊溪縣	江蘇統部常州府	縣	荊溪縣城，與宜興縣同。	卷86，3644頁。

续表

靖江縣	江蘇統部常州府	縣	靖江縣城，周七里有奇，高一丈八尺，門四，池廣六丈五尺，深一丈八尺。明成化中築，嘉靖中甃磚。	卷86，3644頁。

鎮江府

城池名稱	所屬	城池等級	原文	資料出處
鎮江府	江蘇統部	府	鎮江府城，周九里有奇，門四，南北二水關，自南關至西門憑漕河，餘設濠。明初仍舊址築，本朝康熙元年修，雍正九年重修。丹徒縣附郭。	卷90，3813頁。
丹陽縣	江蘇統部鎮江府	縣	丹陽縣城，周九里，門六，水門二，濠廣八尺。明嘉靖中築，本朝康熙元年修。	卷90，3814頁。
溧陽縣	江蘇統部鎮江府	縣	溧陽縣城，周四里有奇，門四，水門二，濠廣五丈。明初仍舊址築，本朝康熙、雍正年間屢修，乾隆三年重修。	卷90，3814頁。
金壇縣	江蘇統部鎮江府	縣	金壇縣城，周三里有奇，門六，水門二，濠廣二丈。明嘉靖中築，本朝順治、康熙年間屢修。	卷90，3814頁。

淮安府

城池名稱	所屬	城池等級	原文	資料出處
淮安府	江蘇統部	府	淮安府城，有三城。南曰舊城，周十一里，門四，水門二，東晋時故址，宋重築，明初甃磚，本朝康熙二十三年修，二十八年、乾隆五年重修。其北曰新城，周七里二十丈，門五，水門二，元末土築，明洪武十年甃磚，本朝乾隆十一年修。二城之中曰聯城，門四，水門四，明嘉靖三十九年增築，以聯貫新舊二城，本朝乾隆九年修，三十九年重修。舊城濱運河，新城濱淮河，濠廣四丈，深一丈二尺。乾隆十六年、二十二年、三十年、四十五年，高宗純皇帝南巡，俱有御製《過淮安城詩》。山陽縣附郭。	卷 93，3948 頁。
阜寧縣	江蘇統部淮安府	縣	阜寧縣城，分山陽、鹽城二縣地，治廟灣城。本朝雍正九年新築，乾隆四年修。	卷 93，3949 頁。
鹽城縣	江蘇統部淮安府	縣	鹽城縣城，周七里有奇，門四。舊土城，宋紹興間築，明永樂十六年甃磚，本朝乾隆三十三年修。	卷 93，3949 頁。

续表

清河縣	江蘇統部淮安府	縣	清河縣城，本朝乾隆二十六年改築。	卷93，3949頁。
安東縣	江蘇統部淮安府	縣	安東縣城，周八里有奇，門四，水門一。明萬曆二十六年土築，天啓五年甃磚，本朝康熙七年修。	卷93，3949頁。
桃源縣	江蘇統部淮安府	縣	桃源縣城，舊址周八里，門四。明正德六年土築，萬曆十九年重築，周七百十八丈。崇禎中河決，城遂湮廢。本朝順治、康熙年間屢修，乾隆元年、嘉慶五年重修。	卷93，3949頁。

揚州府

城池名稱	所屬	城池等級	原文	資料出處
揚州府	江蘇統部	府	揚州府城，舊城，明洪武初改築，周九里有奇，門五，水門二。嘉靖中復築新城，起舊城東南至東北，周十里有奇，門七，自東南而東北臨運河，北引舊城濠與運河接。本朝順治四年修，八年、雍正四年、七年、乾隆四年重修。江都、甘泉二縣附郭。	卷96，4112頁。

续表

儀徵縣	江蘇統部揚州府	縣	儀徵縣城，周九里有奇，門四，水門二，環城有濠。宋乾德中築，明初改築，本朝順治十一年修，康熙五年、五十三年重修。	卷 96，4112 頁。
高郵州	江蘇統部揚州府	屬州	高郵州城，周十里有奇，門四，水門二，環城有濠。宋開寳四年築，明初甃磚，本朝順治十五年修，雍正二年重修。	卷 96，4113 頁。
興化縣	江蘇統部揚州府	縣	興化縣城，周六里有奇，門四，水門四，濠廣二丈五尺。宋寳慶元年築，明初甃磚，本朝順治十二年修，康熙二十三年、五十二年重修。	卷 96，4113 頁。
寳應縣	江蘇統部揚州府	縣	寳應縣城，周九里有奇，門五，水門一。宋嘉定中築，元至正中甃磚，本朝康熙七年修，二十七年、雍正九年重修。	卷 96，4113 頁。
泰州	江蘇統部揚州府	屬州	泰州城，周十二里有奇，門四，水關二。南唐時築，明初改築，本朝康熙十三年修。	卷 96，4113 頁。
東臺縣	江蘇統部揚州府	縣	東臺縣城，舊係土城，明隆慶間築，門四，水關二，本朝嘉慶四年修築。	卷 96，4113 頁。

徐州府

城池名稱	所屬	城池等級	原文	資料出處
徐州府	江蘇統部	府	徐州府城，周九里有奇，高三丈三尺，廣如之，門四，濠深廣各二丈。明洪武初因舊址修築，本朝康熙七年修，乾隆二十六年重修，嘉慶十八年加築護城堤。銅山縣附郭。	卷 100，4297 頁。
蕭縣	江蘇統部徐州府	縣	蕭縣城，周四里，門四，濠深七尺。明萬曆五年築，本朝康熙四年修，嘉慶十二年重修。	卷 100，4297 頁。
碭山縣	江蘇統部徐州府	縣	碭山縣城，周四里二百四十步有奇，門四，水門二，濠廣五尺。明萬曆二十八年築，本朝康熙三十七年修，乾隆三十八年重修。	卷 100，4297 頁。
豐縣	江蘇統部徐州府	縣	豐縣城，周五里有奇，門四。嘉靖三十年築，本朝順治年間修，乾隆三十八年重修，嘉慶二年加築護城堤。	卷 100，4297 頁。
沛縣	江蘇統部徐州府	縣	沛縣城，周五里，門四，濠廣二丈。明嘉靖二十二年築，本朝乾隆三年修，四十六年重修，四十八年因水圮，移建戚山。嘉慶五年重修。	卷 100，4297 頁。

续表

邳州	江蘇統部徐州府	屬州	邳州城，周五里有奇，高二丈八尺，門四。本朝康熙二十九年築，乾隆五年修，二十六年、嘉慶十五年重修。	卷100，4297頁。
宿遷縣	江蘇統部徐州府	縣	宿遷縣城，周四里，高一丈五尺，門四。明正德初築，萬曆中甃磚，本朝乾隆三十三年重修。	卷100，4298頁。
睢寧縣	江蘇統部徐州府	縣	睢寧縣城，周三里有奇，高一丈八尺，門四。明嘉靖中築，本朝康熙五十年修，乾隆五十年重修。	卷100，4298頁。

太倉州

城池名稱	所屬	城池等級	原文	資料出處
太倉州	江蘇統部	直隸州	太倉州城，周十里有奇，門八，水門三，濠廣八丈。元至正十七年築，本朝雍正年間修，乾隆二年、三十二年、三十五年、五十九年重修。鎮洋縣附郭。	卷103，4451頁。
崇明縣	江蘇統部太倉州	縣	崇明縣城，周四里有奇，門五，濠廣九丈。明萬曆十一年築，本朝順治十六年修，康熙十四年、雍正十年、乾隆元年重修。	卷103，4451頁。

续表

嘉定縣	江蘇統部太倉州	縣	嘉定縣城，周九里有奇，門四，水門三，濠廣一十三丈。宋嘉定十二年築，元至正十七年甃磚，明嘉靖三十二年改建，本朝順治九年修，康熙十年、二十三年、雍正七年、乾隆二十四年重修。	卷103，4451頁。
寶山縣	江蘇統部太倉州	縣	寶山縣城，周四里，門四，水門一，濠廣六尺。舊爲吳淞城，明嘉靖中改築，本朝康熙九年修，五十七年重修。雍正二年置縣，即其地爲城。	卷103，4451頁。

海州

城池名稱	所屬	城池等級	原文	資料出處
海州	江蘇統部	直隸州	海州城，周九里有奇，門四，西設水關，池深六尺。明永樂中築，本朝乾隆三十三年修。	卷105，4533頁。
贛榆縣	江蘇統部海州	縣	贛榆縣城，周四里有奇，門三，池深二丈。元至正年間築以土，明萬曆中甃磚，本朝康熙七年修，乾隆三十三年重修。	卷105，4533頁。
沭陽縣	江蘇統部海州	縣	沭陽縣城，周五里有奇，門四，有池。舊土築，明萬曆二十年甃磚，本朝康熙十三年修，乾隆三十三年重修。	卷105，4533頁。

通州

城池名稱	所屬	城池等級	原文	資料出處
通州	江蘇統部	直隸州	通州城，周六里有奇，門三，水門三，環城爲濠。周顯德五年築，明萬曆中增築南城，北連舊城長七百六十餘丈，本朝順治、康熙年間屢修，乾隆三十二年重修。	卷106，4582頁。
如皋縣	江蘇統部通州	縣	如皋縣城，周七里，門四，濠闊一丈五尺。明嘉靖間築，本朝乾隆三十四年修。	卷106，4582頁。
泰興縣	江蘇統部通州	縣	泰興縣城，周七里有奇，門五，環城爲濠。明嘉靖間築，本朝乾隆四十年修。	卷106，4582頁。

安徽統部

安慶府

城池名稱	所屬	城池等級	原文	資料出處
安慶府	安徽統部	府	安慶府城，周九里有奇，門五，重池三，引江水環城爲固。宋景定元年築，本朝順治二年重建，康熙四十九年修。懷寧縣附郭。	卷 109，4705 頁。
桐城縣	安徽統部安慶府	縣	桐城縣城，周六里，門六，西北負山，東南瞰河。明萬曆四年築，本朝康熙九年、雍正十年、乾隆十年重修。	卷 109，4705 頁。
潜山縣	安徽統部安慶府	縣	潜山縣城，周七里有奇，門四。明崇禎十一年築，本朝順治六年改築土城，康熙五年修，乾隆二十九年建磚城。	卷 109，4705 頁。
太湖縣	安徽統部安慶府	縣	太湖縣城，周六里，門六，北負山，西南瞰河，環河有池，深廣各丈餘。明崇禎九年建，本朝順治五年修，康熙五年、十一年重修。	卷 109，4705 頁。

续表

宿松縣	安徽統部安慶府	縣	宿松縣城，周四里，門六。明崇禎十二年築，本朝康熙中屢修。	卷 109，4706 頁。
望江縣	安徽統部安慶府	縣	望江縣城，周三里一百六十四步，門五。明萬曆三年築，本朝順治六年修，康熙五十三年重修。	卷 109，4706 頁。

徽州府

城池名稱	所屬	城池等級	原文	資料出處
徽州府	安徽統部	府	徽州府城，周十里有奇，門五，東、西、北三面有池，南及東南據山爲險。隋義寧時築，明嘉靖中重修，本朝康熙二十一年、乾隆十年、十七年、二十九年增修。	卷 112，4836 頁。
歙縣	安徽統部徽州府	縣	歙縣城，縣附郭，舊治在郭外，明嘉靖三十三年創築。西南倚府城，周七里，門八。本朝乾隆十年、十七年、二十九年增修。	卷 112，4836 頁。
休寧縣	安徽統部徽州府	縣	休寧縣城，周九里有奇，門四。宋時始築，明嘉靖中重築，本朝康熙二十一年、乾隆十年增修。	卷 112，4836 頁。

续表

婺源縣	安徽統部徽州府	縣	婺源縣城，周五里有奇，門八。南唐時始築，明嘉靖四十五年修，本朝乾隆十年增修。	卷 112，4836 頁。
祁門縣	安徽統部徽州府	縣	祁門縣城，周五里三百二十步，門八。明嘉靖四十五年築。	卷 112，4836 頁。
黟縣	安徽統部徽州府	縣	黟縣城，周四里二十步，門五。明嘉靖四十五年築，本朝乾隆二十九年重修。	卷 112，4836 頁。
績溪縣	安徽統部徽州府	縣	績溪縣城，周四里三百二十步，門七，水門二。南唐時始築，明嘉靖四十五年修，本朝康熙十一年、乾隆十二年、五十七年屢修。	卷 112，4836 頁。

寧國府

城池名稱	所屬	城池等級	原文	資料出處
寧國府	安徽統部	府	寧國府城，周九里有奇，高二丈五尺，門五。晉咸和中桓彝築，元至正中重加甃甓，本朝順治間增築，康熙七年、十九年、乾隆九年屢修。宣城縣附郭。	卷 115，5003 頁。

续表

涇縣	安徽統部寧國府	縣	涇縣城，周五里六十四步，高一丈九尺，門五，南北水關各一，外環以池。明嘉靖四十二年創築，崇禎中重修，本朝乾隆二年、嘉慶五年增修。	卷115，5004頁。
南陵縣	安徽統部寧國府	縣	南陵縣城，周五里七十二步有奇，高二丈五尺，門四，水門三。明嘉靖四十二年創築，萬曆九年修，本朝康熙五十三年、乾隆二十九年屢修。	卷115，5004頁。
寧國縣	安徽統部寧國府	縣	寧國縣城，周三里有奇，高一丈五尺，門三。唐故址，宋南渡時增築，本朝康熙十三年、雍正七年、乾隆二十八年屢修。	卷115，5004頁。
旌德縣	安徽統部寧國府	縣	旌德縣城，周四里三百四十二步，高二丈，門七，東瀕淳溪，西、南、北負山。明嘉靖四十五年創築，本朝順治十四年、康熙八年、雍正八年、乾隆二十九年屢修。	卷115，5004頁。
太平縣	安徽統部寧國府	縣	太平縣城，周五里有奇，高一丈八尺，門五，水門二，引霧山水爲池。明嘉靖四十二年創築，萬曆中增修，本朝乾隆二十九年重修。	卷115，5004頁。

池州府

城池名稱	所屬	城池等級	原文	資料出處
池州府	安徽統部池州府	府	池州府城，周七里三百三十六步，門七。明正德中仍舊址築，本朝康熙十年重建通遠門大觀樓，乾隆二十九年重修。貴池縣附郭。	卷118，5127頁。
青陽縣	安徽統部池州府	縣	青陽縣城，周四里二百二十四步，門四，水門二。明嘉靖中創築，本朝乾隆二十九年修。	卷118，5127頁。
銅陵縣	安徽統部池州府	縣	銅陵縣城，周三里三百四十步，門四。明萬曆中創築，本朝順治二年修，乾隆二十九年重修。	卷118，5127頁。
石埭縣	安徽統部池州府	縣	石埭縣城，周三里，前後濱溪，門五，水門一。宋立土城，明嘉靖中甃以磚，本朝雍正十年修，乾隆二十九年重修。	卷118，5127頁。
建德縣	安徽統部池州府	縣	建德縣城，周五里，南憑河，北倚山，門四。明嘉靖中創築，本朝順治六年重建。	卷118，5127頁。
東流縣	安徽統部池州府	縣	東流縣城，周三里半，門五。明萬曆元年創築，本朝順治六年修，乾隆二十八年重修。	卷118，5127頁。

太平府

城池名稱	所屬	城池等級	原文	資料出處
太平府	安徽統部	府	太平府城，周九里十八步，高三丈六尺，門六，環城有池。晉太和中建，宋建炎初改築，本朝康熙十一年修，十五年、乾隆三十年重修。當塗縣附郭。	卷 120，5233 頁。
蕪湖縣	安徽統部太平府	縣	蕪湖縣城，周四里三十八步，高三丈，門五，南距大河。明萬曆三年創築，本朝順治十五年修，乾隆二年重修。	卷 120，5233 頁。
繁昌縣	安徽統部太平府	縣	繁昌縣城，周三里二百十二步有奇，高二丈，門四，三面有池。明崇禎中創築，本朝康熙十三年修，乾隆二十九年重修。	卷 120，5233 頁。

廬州府

城池名稱	所屬	城池等級	原文	資料出處
廬州府	安徽統部	府	廬州府城，周二十五里八百十二步，門七，跨金斗河，北立水關二。後漢末建，元末重修。本朝雍正元年、乾隆二十八年、嘉慶五年屢修。合肥縣附郭。	卷 122，5328 頁。

续表

廬江縣	安徽統部廬州府	縣	廬江縣城，周四里二百二十四步，門六，池廣五丈。明弘治中重築，本朝順治中修，雍正八年重修。	卷122，5328頁。
舒城縣	安徽統部廬州府	縣	舒城縣城，周五里二百七十八步，門六，環城有池。明弘治中重築，本朝順治中修，雍正七年、乾隆五十八年重修。	卷122，5328頁。
無爲州	安徽統部廬州府	屬州	無爲州城，周九里有奇，門六，東以花林河爲池，廣五丈九尺。明初築，本朝順治六年修，雍正九年、嘉慶六年重修。	卷122，5328頁。
巢縣	安徽統部廬州府	縣	巢縣城，周十二里，門四，西、南臨河，東、北據山。明嘉靖間重築，本朝康熙七年修，雍正七年、乾隆二十八年、嘉慶八年重修。	卷122，5328頁。

鳳陽府

城池名稱	所屬	城池等級	原文	資料出處
鳳陽府	安徽統部	府	鳳陽府城，周九里三十步，門四，即舊皇城。明洪武五年築。又有外城，洪武七年土築，周五十里有奇，後圮，本朝乾隆二十年築，周六里五百六十二步。鳳陽縣附郭。	卷125，5476頁。

续表

懷遠縣	安徽統部鳳陽府	縣	懷遠縣城，舊城周九里十三步，後廢，明萬曆間始立新城於淮河西岸，周三里一百二十步，門四，無池。	卷125，5476頁。
定遠縣	安徽統部鳳陽府	縣	定遠縣城，周五里二百三十六步，門四。明正德七年甃磚，引澗泉爲池，東、西、南廣十丈，北廣二十丈。本朝順治十七年、康熙四年修，乾隆二十八年重修。	卷125，5477頁。
壽州	安徽統部鳳陽府	屬州	壽州城，周九里十三步，門四。宋故址，本朝順治六年修，乾隆二十年、三十年重修。	卷125，5477頁。
鳳臺縣	安徽統部鳳陽府	縣	鳳臺縣城，新置縣，與壽州共城治。	卷125，5477頁。
宿州	安徽統部鳳陽府	屬州	宿州城，周六里有奇。明洪武十年始叠石爲址，甃以大甓，門四，池周八里有奇。本朝乾隆四年修，十一年、二十三年重修。	卷125，5477頁。
靈壁縣	安徽統部鳳陽府	縣	靈壁縣城，周六里，門四。明正德六年甃磚，濠廣三丈餘。本朝康熙十二年修，乾隆十九年重修。	卷125，5477頁。

潁州府

城池名稱	所屬	城池等級	原文	資料出處
潁州府	安徽統部	府	潁州府城，舊城曰北城，周四里。明洪武初築新城，曰南城，與舊合爲一，周五里四十四步，門四，倚潁水爲隍。本朝乾隆十三年、十五年屢修。阜陽縣附郭。	卷128，5624頁。
潁上縣	安徽統部潁州府	縣	潁上縣城，周三里有奇，門四，南、西、北三面有池，東臨河。明初築，本朝順治六年修，乾隆四年重修。	卷128，5624頁。
霍邱縣	安徽統部潁州府	縣	霍邱縣城，周六里有奇，門四，池廣一丈五尺。明正德中增築，本朝康熙七年重修。	卷128，5624頁。
亳州	安徽統部潁州府	屬州	亳州城，周九里有奇，形如臥牛，故名臥牛城，門四。明宣德十年增築，本朝乾隆二十七年重修。	卷128，5624頁。
太和縣	安徽統部潁州府	縣	太和縣城，周五里七十九步，門四，池廣五丈。明正德間增築，本朝雍正十二年重修。	卷128，5624頁。
蒙城縣	安徽統部潁州府	縣	蒙城縣城，周六里，舊立南、西、北三門，其東渦水環繞，未立門。明景泰初補築，正德中重修，本朝順治、康熙間屢修，乾隆二十六年重修。	卷128，5624頁。

滁州

城池名稱	所屬	城池等級	原文	資料出處
滁州	安徽統部	直隸州	滁州城，舊有子城，周九里有奇，門六，水門二，四面爲池。明初築，本朝康熙九年修，乾隆六年重修。	卷130，5713頁。
全椒縣	安徽統部滁州	縣	全椒縣城，周二里有奇，北跨覆釜山，門三，濱後河。明成化中建，本朝康熙初修。	卷130，5713頁。
來安縣	安徽統部滁州	縣	來安縣城，周三里有奇，門六，環城爲池。明成化中築，本朝康熙、乾隆中屢修。	卷130，5713頁。

和州

城池名稱	所屬	城池等級	原文	資料出處
和州	安徽統部	直隸州	和州城，周十一里有奇，門六，環城爲池。明初築，本朝康熙九年修，乾隆二十一年、二十九年屢修。	卷131，5762頁。
含山縣	安徽統部和州	縣	含山縣城，周三里有奇，門四，池廣一丈。明嘉靖中甃磚，本朝順治、康熙中屢修，乾隆二十一年重修。	卷131，5762頁。

廣德州

城池名稱	所屬	城池等級	原文	資料出處
廣德州	安徽統部	直隸州	廣德州城，周八里有奇，門六，池廣闊丈二尺。明初築，後圮，復修，本朝康熙三年重修。	卷132，5812頁。
建平縣	安徽統部廣德州	縣	建平縣城，周不及二里，門四，水門一，東、南環溪爲池，西、北至東各有池。本朝康熙四年城圮，復修，三十七年重修。	卷132，5812頁。

六安州

城池名稱	所屬	城池等級	原文	資料出處
六安州	安徽統部	直隸州	六安州城，周五里二百二十步，門五，池廣七尺有奇。明正德中增築，本朝順治、雍正間修，乾隆十三年重修。	卷133，5851頁。
英山縣	安徽統部六安州	縣	英山縣城，周三里，門五，東南因河爲池。明弘治中重築，本朝乾隆十四年重修。	卷133，5851頁。
霍山縣	安徽統部六安州	縣	霍山縣城，周五里四百步，門五，水門二。明弘治中築，本朝雍正五年修，乾隆十二年、二十八年重修。	卷133，5851頁。

泗州

城池名稱	所屬	城池等級	原文	資料出處
泗州	安徽統部	直隸州	泗州城，周五里十三步，門五。舊有土城，明萬曆二十三年甃磚，池廣三丈。原係鳳陽府虹縣城，本朝乾隆四十二年，將虹縣裁併泗州，即改虹縣城爲泗州直隸州城。	卷 134，5903 頁。
盱眙縣	安徽統部泗州	縣	盱眙縣城，舊有城，明永樂中圮，今北門尚存。	卷 134，5903 頁。
天長縣	安徽統部泗州	縣	天長縣城，周五里二百九十二步有奇，門四，環城有池，廣二丈。明萬曆年間建，本朝乾隆二十一年重修。	卷 134，5903 頁。
五河縣	安徽統部泗州	縣	五河縣城，周四里，門四，池廣三丈六尺。本朝順治、康熙間屢修，乾隆十九年重修。	卷 134，5904 頁。

山西統部

太原府

城池名稱	所屬	城池等級	原文	資料出處
太原府	山西統部	府	太原府城，周二十四里，門八，池廣三丈。宋初土築，明洪武中甃磚，南北各有關城。本朝順治六年，於西南隅築城，爲八旗兵駐防之所，後相繼增修。陽曲縣附郭。	卷136，6061頁。
太原縣	山西統部太原府	縣	太原縣城，周七里，門四，池廣十丈。明景泰初築，正德中甃磚，本朝乾隆十二年修，二十九年重修。	卷136，6061頁。
榆次縣	山西統部太原府	縣	榆次縣城，周五里，門三，池廣三丈。隋開皇初建，明成化中甃磚，本朝順治六年修，康熙二十五年重修。	卷136，6062頁。
太谷縣	山西統部太原府	縣	太谷縣城，周十二里，門四，池廣一丈。明正德中因舊址增建，本朝順治六年修，乾隆二十一年重修。	卷136，6062頁。

续表

祁縣	山西統部太原府	縣	祁縣城，周四里有奇，門四，池廣三丈。明嘉靖末因舊址增築，萬曆間甃磚，本朝順治六年修，康熙四十四年重修。	卷136，6062頁。
徐溝縣	山西統部太原府	縣	徐溝縣城，周五里，門四，池深九尺。金大定間築，明萬曆中甃磚，本朝康熙九年修，乾隆三十三年重修。	卷136，6062頁。
交城縣	山西統部太原府	縣	交城縣城，周五里有奇，門四，池廣三丈。唐天授初築，明崇禎中甃磚，本朝康熙九年修。	卷136，6062頁。
文水縣	山西統部太原府	縣	文水縣城，周九里有奇，門四，池闊四丈。宋元豐中築，明萬曆中甃磚，本朝順治十二年修，康熙十一年、乾隆二十七年重修。	卷136，6062頁。
岢嵐州	山西統部太原府	屬州	岢嵐州城，周六里有奇，門四，池廣五丈。宋元豐中因故址展築，明洪武中甃磚，本朝順治五年修。	卷136，6062頁。
嵐縣	山西統部太原府	縣	嵐縣城，周四里，門三，池深二丈。宋紹聖中築，明萬曆初甃磚，本朝乾隆二十九年修。	卷136，6062頁。
興縣	山西統部太原府	縣	興縣城，周二里有奇，門四，池深八尺。明景泰初築，隆慶二年甃磚，本朝康熙四十九年修。	卷136，6062頁。

平陽府

城池名稱	所屬	城池等級	原文	資料出處
平陽府	山西統部	府	平陽府城，周十一里有奇，門四，池深二丈。明洪武初土築，景泰初甃磚，本朝康熙三十四年修，乾隆十三年重修。臨汾縣附郭。	卷138，6221頁。
洪洞縣	山西統部平陽府	縣	洪洞縣城，周五里有奇，門六，池廣三丈。明正統中土築，隆慶初甃磚。	卷138，6221頁。
浮山縣	山西統部平陽府	縣	浮山縣城，周四里餘，門四，池深一丈。後唐長興中土築，明嘉靖中增築，本朝康熙三十四年修，雍正九年、乾隆十八年重修。	卷138，6221頁。
岳陽縣	山西統部平陽府	縣	岳陽縣城，周二里餘，門二，池深五尺。隋大業中土築，明萬曆中甃磚，本朝順治十二年修，康熙中重修。	卷138，6221頁。
太平縣	山西統部平陽府	縣	太平縣城，周三里有奇，門五，池廣四丈。明正德間因舊址展築，嘉靖中甃磚，本朝康熙十八年修。	卷138，6221頁。
曲沃縣	山西統部平陽府	縣	曲沃縣城，周六里餘，門八，池廣四丈。明嘉靖中因舊址展築，本朝康熙二十四年修，三十四年重修。	卷138，6221頁。

续表

翼城縣	山西統部平陽府	縣	翼城縣城，周六里有奇，門四，池深數丈。明崇禎中因舊址築，本朝康熙十二年增修，朝隆二十八年重修。	卷138，6221頁。
襄陵縣	山西統部平陽府	縣	襄陵縣城，周五里有奇，門四。宋天聖中土築，明隆慶初甃磚，本朝康熙三十四年修、四十六年重修。	卷138，6221頁。
汾西縣	山西統部平陽府	縣	汾西縣城，周四里，門四，西南臨壑，東、西、北三面浚池。宋太平興國中築，明萬曆中甃磚，本朝康熙四十六年修，雍正七年重修。	卷138，6221頁。
鄉寧縣	山西統部平陽府	縣	鄉寧縣城，周四里有奇，東、西、南三門，池廣二丈。宋皇祐中築，明嘉靖間增築，萬曆間甃石，本朝康熙五年重修，併築護城石堰。	卷138，6222頁。
吉州	山西統部平陽府	屬州	吉州城，外城周四里，高三丈五尺，門四，南臨山澗無池；内城周一里二百九十步。明嘉靖間築，本朝順治間修，康熙中重修。	卷138，6222頁。

蒲州府

城池名稱	所屬	城池等級	原文	資料出處
蒲州府	山西統部	府	蒲州府城，周八里有奇，門四，池廣十丈。金正大中土築，明洪武四年甃磚，本朝康熙元年重修。永濟縣附郭。	卷140，6350頁。

续表

臨晋縣	山西統部蒲州府	縣	臨晋縣城，周三里有奇，門四，池廣一丈。唐天寶中土築，明隆慶中甃磚，本朝順治十三年修，康熙四十六年、乾隆五十四年重修。	卷 140，6350 頁。
虞鄉縣	山西統部蒲州府	縣	虞鄉縣城，周四里，門四，池深一丈。唐武德初土築，本朝雍正八年重修。	卷 140，6350 頁。
榮河縣	山西統部蒲州府	縣	榮河縣城，周九里有奇，門四，池深一丈。隋開皇時土築，明嘉靖中甃磚，本朝康熙元年修，四十六年重修。	卷 140，6350 頁。
萬泉縣	山西統部蒲州府	縣	萬泉縣城，周五里有奇，門四，有池。元至元中築，本朝順治十八年修，康熙三十四年重修。	卷 140，6350 頁。
猗氏縣	山西統部蒲州府	縣	猗氏縣城，周七里有奇，門四，池廣三丈。唐興元初土築，明隆慶中甃磚，本朝康熙二年重修。	卷 140，6351 頁。

潞安府

城池名稱	所屬	城池等級	原文	資料出處
潞安府	山西統部	府	潞安府城，周二十四里有奇，門四，池廣四丈。明洪武間建，本朝順治九年修，康熙九年、乾隆三十二年重修。長治縣附郭。	卷 142，6472 頁。

续表

長子縣	山西統部潞安府	縣	長子縣城，周五里有奇，門五，池廣二丈。金天會間土築，本朝順治十一年甃磚，康熙二十三年、乾隆二十八年重修。	卷142，6472頁。
屯留縣	山西統部潞安府	縣	屯留縣城，周四里有奇，門四，池深一丈。唐武德中土築，明崇禎中甃磚，本朝順治二年修。	卷142，6472頁。
襄垣縣	山西統部潞安府	縣	襄垣縣城，周六里有奇，門四，池廣二丈。唐武德初土築，金天會間增築，明崇禎間甃磚。	卷142，6472頁。
潞城縣	山西統部潞安府	縣	潞城縣城，周四里有奇，門四，池廣一丈五尺。隋開皇間土築，元末增築，明崇禎中甃磚，本朝康熙三十四年修。	卷142，6472頁。
壺關縣	山西統部潞安府	縣	壺關縣城，周二里有奇，門四。唐貞觀中土築，明嘉靖中甃磚，本朝順治十三年修，乾隆十二年重修。	卷142，6473頁。
黎城縣	山西統部潞安府	縣	黎城縣城，周四里，門三，池廣一丈五尺。宋天聖間土築，明正德間甃磚。	卷142，6473頁。

汾州府

城池名稱	所屬	城池等級	原文	資料出處
汾州府	山西統部	府	汾州府城，周九里十三步，高四丈六尺，門四。元至正中因舊址重築，明隆慶中甃磚。城外四面有關城，池曲折環貫四關，深廣各數丈。本朝增修。汾陽縣附郭。	卷144，6566頁。
孝義縣	山西統部汾州府	縣	孝義縣城，周四里十三步，高三丈八尺，門四，池深闊各一丈八尺。明隆慶初，因舊土城甃磚，萬曆中築南關外護堤，本朝雍正四年修。	卷144，6567頁。
平遙縣	山西統部汾州府	縣	平遙縣城，周十二里有奇，高三丈二尺，門六，池深闊各一丈。明洪武初築，嘉靖中築北瓮城，隆慶中築東西瓮城。本朝康熙三十五年補築南瓮城，雍正二年繼修，乾隆二十八年重修。	卷144，6567頁。
介休縣	山西統部汾州府	縣	介休縣城，周八里，高三丈五尺，門四，池深闊各二丈。明景泰中因舊土城甃磚，本朝康熙中屢修。又關城包縣城之西、南二面，周四里，門五，水門二，明崇禎中重建。	卷144，6567頁。
石樓縣	山西統部汾州府	縣	石樓縣城，周三里三十步，高二丈五尺，門四，沙河繞城以爲池。唐武德間築，明景泰初修，本朝順治、康熙中屢修，雍正八年重修。	卷144，6567頁。

续表

臨縣	山西統部汾州府	縣	臨縣城，周六里五步，高三丈，門二，池深廣丈餘。明景泰初築小城，正德中築外城，括牛澗水在內，東西設水門以泄之；嘉靖中展拓併築護城石堤，隆慶初石包全城。本朝順治、康熙中修，乾隆三十二年重修。	卷 144，6567 頁。
永寧州	山西統部汾州府	屬州	永寧州城，周九里二步，高四丈八尺，門三，東、南、北三面浚池，西城下有泉。元至元間因舊址補築，明萬曆間甃磚，本朝順治十四年、康熙十二年修，乾隆十二年重修。	卷 144，6567 頁。
寧鄉縣	山西統部汾州府	縣	寧鄉縣城，周五里一百八十步，高三丈五尺，門三，池深二丈餘。明景泰初土築，萬曆中甃磚。本朝順治六年修，八年重修。	卷 144，6568 頁。

澤州府

城池名稱	所屬	城池等級	原文	資料出處
澤州府	山西統部	府	澤州府城，周九里有奇，門三，池深二丈。唐貞觀初土築，明洪武中甃磚，本朝康熙中重修。鳳臺縣附郭。	卷 145，6655 頁。
高平縣	山西統部澤州府	縣	高平縣城，周四里，門三，池廣二丈。宋開寶間土築，明萬曆中甃磚，本朝順治十三年修，康熙四十四年、雍正六年重修。	卷 145，6655 頁。

续表

陽城縣	山西統部澤州府	縣	陽城縣城，周三里有奇，門三，池廣一丈五尺。後魏興安初土築，明萬曆間甃磚，本朝順治十六年修，雍正二年、七年重修。	卷 145，6655 頁。
陵川縣	山西統部澤州府	縣	陵川縣城，周二里有奇，門三，池深五尺。隋大業中土築，明嘉靖、萬曆中先後甃磚，本朝康熙五十六年修。	卷 145，6655 頁。
沁水縣	山西統部澤州府	縣	沁水縣城，周二里有奇，門三，池廣二丈。隋開皇中土築，明嘉靖間甃磚。本朝順治、康熙中修，雍正四年、乾隆十二年重修。	卷 145，6655 頁。

大同府

城池名稱	所屬	城池等級	原文	資料出處
大同府	山西統部	府	大同府城，周十三里，門四，池廣一丈五尺。明洪武中因舊土城磚築，城東、南、北各有小城，周五里，門三，明景泰、天順間築。本朝順治八年修，乾隆十年重修。大同縣附郭。	卷 146，6746 頁。
懷仁縣	山西統部大同府	縣	懷仁縣城，周三里有奇，門二，池廣一丈八尺。明洪武中因土城增築，萬曆間甃磚，本朝增修。	卷 146，6746 頁。

续表

渾源州	山西統部大同府	屬州	渾源州城，周四里有奇，門三，池廣二丈。後唐時土築，明萬曆中甃磚，本朝順治六年修，乾隆三十二年重修。	卷146，6746頁。
應州	山西統部大同府	屬州	應州城，周五里有奇，門三，池廣二丈。明洪武中土築，隆慶中甃磚，本朝順治十二年修，康熙元年、乾隆十一年重修。	卷146，6747頁。
山陰縣	山西統部大同府	縣	山陰縣城，周四里有奇，門三，池廣二丈。宋時土築，明隆慶中甃磚，本朝乾隆二十八年修。	卷146，6747頁。
陽高縣	山西統部大同府	縣	陽高縣城，周九里有奇，門三，池深三丈。明洪武中土築，崇禎中甃磚，本朝乾隆十二年修。	卷146，6747頁。
天鎮縣	山西統部大同府	縣	天鎮縣城，周九里有奇，門四，有池。明洪武中因舊城土築，萬曆中修，本朝乾隆十二年重修。	卷146，6747頁。
廣靈縣	山西統部大同府	縣	廣靈縣城，周三里有奇，門二，池廣三丈。後唐時土築，明萬曆中甃磚，本朝順治六年修。	卷146，6747頁。

续表

靈邱縣	山西統部大同府	縣	靈邱縣城，周四里有奇，門二，池廣三丈。唐開元中土築，明萬曆中甃磚，本朝順治十二年修，乾隆十三年重修。	卷146，6747頁。

寧武府

城池名稱	所屬	城池等級	原文	資料出處
寧武府	山西統部	府	寧武府城，周七里有奇，門四。明成化初土築，萬曆中甃磚，本朝乾隆三十三年修。寧武縣附郭。	卷147，6869頁。
偏關縣	山西統部寧武府	縣	偏關縣城，周五里有奇，門三。明洪武中因舊土城改築，宣德、天順、成化、嘉靖中相繼展築，萬曆中甃磚，本朝乾隆三十二年增修。	卷147，6869頁。
神池縣	山西統部寧武府	縣	神池縣城，周五里有奇，門三，西門外有池。明成化中土築，嘉靖中展築，萬曆中甃磚，本朝初增修。	卷147，6869頁。
五寨縣	山西統部寧武府	縣	五寨縣城，周四里，門三。明成化中土築，嘉靖中展築，萬曆中甃磚，本朝雍正十年修。	卷147，6869頁。

朔平府

城池名稱	所屬	城池等級	原文	資料出處
朔平府	山西統部	府	朔平府城，周九里有奇，門四，池廣三丈。明洪武中土築，萬曆初甃磚，本朝康熙中增修，雍正七年重修。右玉縣附郭。	卷148，6907頁。
左雲縣	山西統部朔平府	縣	左雲縣城，周十里有奇，門三，池深二丈。明洪武中土築，正統間甃磚，本朝乾隆三十二年重修。	卷148，6908頁。
平魯縣	山西統部朔平府	縣	平魯縣城，周六里有奇，門三，池廣二丈。明成化中土築，萬曆中甃磚，本朝乾隆三十二年修。	卷148，6908頁。
朔州	山西統部朔平府	屬州	朔州城，周七里，門四，池廣十二丈。元至正末因舊址土築，明洪武中甃磚，本朝順治中修，乾隆十二年重修。	卷148，6908頁。

平定州

城池名稱	所屬	城池等級	原文	資料出處
平定州	山西統部	直隸州	平定州城，有上下二城，合周九里有奇，門四，池深淺有差。宋太平興國中築，元初修下城，明成化中修上城。嘉靖二十年，二城並修，本朝乾隆三十二年修。	卷 149，6961 頁。
盂縣	山西統部平定州	縣	盂縣城，周三里有奇，門三，池深二丈。又有東關外城，周五里有奇，門四，池深二丈，明嘉靖中築。本朝順治四年修，康熙二十二年重修。	卷 149，6961 頁。
壽陽縣	山西統部平定州	縣	壽陽縣城，周四里，門三，池廣三丈。明嘉靖間因舊土城甃磚，隆慶初增築。	卷 149，6961 頁。

忻州

城池名稱	所屬	城池等級	原文	資料出處
忻州	山西統部	直隸州	忻州城，周九里有奇，門四，池廣丈餘。明萬曆中因舊土城甃磚，本朝乾隆三十一年修。	卷 150，7011 頁。

续表

定襄縣	山西統部忻州	縣	定襄縣城，周四里有奇，門三，池廣二丈七尺。明萬曆中因舊址甃磚，本朝康熙四十三年修，雍正三年重修。	卷 150，7011 頁。
靜樂縣	山西統部忻州	縣	靜樂縣城，周四里有奇，門二，池二重，廣四丈。宋時土築，明正統中增築，萬曆中甃磚，本朝乾隆三十二年修。	卷 150，7011 頁。

代州

城池名稱	所屬	城池等級	原文	資料出處
代州	山西統部	直隸州	代州城，周八里有奇，門四，池深二丈餘。後魏時土築，明洪武中甃磚，本朝乾隆三十三年修。	卷 151，7054 頁。
五臺縣	山西統部代州	縣	五臺縣城，周三里有奇，門三，東、南臨慮虒水，西、北有池。後魏時土築，明萬曆中甃磚，本朝康熙二十二年修，乾隆三十二年重修。	卷 151，7054 頁。
崞縣	山西統部代州	縣	崞縣城，周四里有奇，門四，池深三丈。元末因舊城土築，明萬曆中甃磚，本朝順治六年修，乾隆三十三年重修。	卷 151，7054 頁。
繁峙縣	山西統部代州	縣	繁峙縣城，周三里有奇，門三，池深一丈。唐聖曆中土築，明萬曆中甃磚，本朝順治六年修，乾隆三十二年重修。	卷 151，7054 頁。

保德州

城池名稱	所屬	城池等級	原文	資料出處
保德州	山西統部	直隸州	保德州城，周七里有奇，門四。宋淳化中土築，金大定中增築，明萬曆中甃磚，本朝順治六年修，康熙六年、四十六年、乾隆三十二年重修。	卷152，7131頁。
河曲縣	山西統部保德州	縣	河曲縣城，周三里有奇，門三。明宣德初土築，名灰溝營，萬曆中甃磚，改名河保營，本朝乾隆二十七年爲縣治，三十三年重修。	卷152，7131頁。

霍州

城池名稱	所屬	城池等級	原文	資料出處
霍州	山西統部	直隸州	霍州城，周九里有奇，門四，池深八尺。元時築，明正德間增築，本朝康熙四十六年重修。	卷153，7158頁。
趙城縣	山西統部霍州	縣	趙城縣城，周五里有奇，門四，池深七尺。唐麟德初土築，明崇禎中甃磚，本朝康熙三十四年修。	卷153，7159頁。
靈石縣	山西統部霍州	縣	靈石縣城，周三里有奇，門四，重池，各廣八尺。隋開皇中土築，元至正中增築，本朝順治六年修，康熙四十二年重修。	卷153，7159頁。

解州

城池名稱	所屬	城池等級	原文	資料出處
解州	山西統部	直隸州	解州城，周九里有奇，門四，池廣十丈。元至正間因隋故址築，明嘉靖末甃磚，本朝乾隆十二年修，二十七年、嘉慶二十五年重修。	卷 154，7199 頁。
安邑縣	山西統部解州	縣	安邑縣城，周六里有奇，門四，池深一丈。明景泰初因後魏故址築，隆慶中修，本朝嘉慶二十一年重修。	卷 154，7199 頁。
夏縣	山西統部解州	縣	夏縣城，周五里有奇，門四，池深五尺。明景泰初因後魏故址築，本朝康熙四年增修，乾隆十九年、二十七年重修。	卷 154，7199 頁。
平陸縣	山西統部解州	縣	平陸縣城，周二里有奇，門二，池廣一丈。金興定間築，明景泰初增築，本朝康熙四十三年修，乾隆二十年、嘉慶二十五年重修。	卷 154，7200 頁。
芮城縣	山西統部解州	縣	芮城縣城，周三里有奇，門四，池深七尺。明洪武初因後周故址築，崇禎中甃磚，本朝康熙四十六年修，乾隆二十八年重修。	卷 154，7200 頁。

絳州

城池名稱	所屬	城池等級	原文	資料出處
絳州	山西統部	直隸州	絳州城，周九里，門二，池廣三丈。隋開皇初土築，明嘉靖間甃磚，本朝順治六年修，康熙二年、三十九年重修。	卷155，7283頁。
垣曲縣	山西統部絳州	縣	垣曲縣城，周四里，門三，池廣一丈五尺。西魏大統中土築，金季展築，明隆慶間甃磚，本朝康熙七年修，四十四年重修。	卷155，7283頁。
聞喜縣	山西統部絳州	縣	聞喜縣城，周五里，門四，池廣三丈。唐元和中土築，明嘉靖中甃磚，本朝順治十六年修，康熙四十年重修。	卷155，7283頁。
絳縣	山西統部絳州	縣	絳縣城，周五里有奇，門三，池深一丈。唐武德初土築，明隆慶中增築，本朝順治、康熙中屢修。	卷155，7283頁。
稷山縣	山西統部絳州	縣	稷山縣城，周五里，門五，池廣一丈五尺。隋開皇中土築，明嘉靖中甃磚，本朝康熙四十六年修。	卷155，7283頁。
河津縣	山西統部絳州	縣	河津縣城，周三里，門三，池深淺有差。元皇慶中土築，明崇禎中甃磚，本朝順治、康熙中屢修。	卷155，7283頁。

隰州

城池名稱	所屬	城池等級	原文	資料出處
隰州	山西統部	直隸州	隰州城，周七里有奇，門三，池深一丈。唐武德初土築，明嘉靖間甃磚，本朝順治六年修，康熙四十七年重修。	卷157，7385頁。
大寧縣	山西統部隰州	縣	大寧縣城，周三里有奇，門三，池深七尺。元時因舊址修築，明隆慶間築北寨城並東西關城，又築南門外石堤以障河水。本朝順治十一年修，康熙四十六年、乾隆三十二年重修。	卷157，7385頁。
蒲縣	山西統部隰州	縣	蒲縣城，周一里有奇，門三，北依山，東、西、南三面池深一丈，廣八尺。唐武德初土築，明崇禎間甃磚，本朝康熙二十年修。	卷157，7386頁。
永和縣	山西統部隰州	縣	永和縣城，周三里有奇，門四，芝水三面環繞，無池。唐貞觀中土築，元至元中重築，本朝康熙中重修。	卷157，7386頁。

沁州

城池名稱	所屬	城池等級	原文	資料出處
沁州	山西統部	直隸州	沁州城，周六里有奇，門三。元末築，明崇禎中甃磚，本朝順治十六年修，康熙三年、六年重修。	卷158，7427頁。

续表

沁源縣	山西統部沁州	縣	沁源縣城，周二里有奇，門三，池廣二丈。元時土築，明萬曆中甃磚，本朝康熙二十八年修，雍正七年重修。	卷158，7427頁。
武鄉縣	山西統部沁州	縣	武鄉縣城，周三里，門三。後魏太和中土築，明崇禎間甃磚，本朝順治十六年修。	卷158，7427頁。

遼州

城池名稱	所屬	城池等級	原文	資料出處
遼州	山西統部	直隸州	遼州城，周四里有奇，門三，池廣三丈。元末築，明隆慶初甃磚，本朝康熙十一年修，雍正五年重修。	卷159，7473頁。
和順縣	山西統部遼州	縣	和順縣城，周二里有奇，門三，池深二丈。元至正中土築，明萬曆初甃磚，本朝順治十六年修，康熙八年、雍正六年、乾隆四十五年重修。	卷159，7473頁。
榆社縣	山西統部遼州	縣	榆社縣城，有二：東曰上城，周二里，門三，明嘉靖中築；西曰下城，周三里，門三，池廣一丈，明隆慶中築。	卷159，7473頁。

山東統部

濟南府

城池名稱	所屬	城池等級	原文	資料出處
濟南府	山東統部	府	濟南府城，周十二里有奇，門四，池廣五丈。舊土築，明洪武四年甃石，本朝乾隆十三年修，五十二年、嘉慶十六年重修。歷城縣附郭。	卷 162，7649 頁。
章邱縣	山東統部濟南府	縣	章邱縣城，周六里，門四，池廣二丈。舊土築，明萬曆六年甃石，本朝乾隆二十年修。	卷 162，7649 頁。
鄒平縣	山東統部濟南府	縣	鄒平縣城，周四里，門四，池廣二丈二尺。元至元十二年築，明萬曆八年甃石，本朝康熙九年修，乾隆三十六年重修。	卷 162，7649 頁。
淄川縣	山東統部濟南府	縣	淄川縣城，周五里，門四，池廣一丈五尺。明崇禎九年甃石，本朝順治四年修。	卷 162，7649 頁。

续表

長山縣	山東統部濟南府	縣	長山縣城，周四里，門四，池廣二丈七尺。宋舊址，元至正十二年築，明成化二年修，本朝乾隆三十五年修。	卷 162，7649 頁。
新城縣	山東統部濟南府	縣	新城縣城，周五里，門四，池廣二丈。明成化中重築，萬曆七年甃磚。本朝乾隆五十九年修。	卷 162，7649 頁。
齊河縣	山東統部濟南府	縣	齊河縣城，周四里，門四，池廣一丈。金大定八年修，本朝乾隆三十一年修。	卷 162，7650 頁。
齊東縣	山東統部濟南府	縣	齊東縣城，周五里，門六，濠廣七尺。明成化中修築，本朝乾隆二十六年修。	卷 162，7650 頁。
濟陽縣	山東統部濟南府	縣	濟陽縣城，周四里，門三，池廣丈餘。金舊址，明萬曆四年甃磚，本朝乾隆五十七年修。	卷 162，7650 頁。
禹城縣	山東統部濟南府	縣	禹城縣城，周九里有奇，門四，池廣一丈四尺。明萬曆七年增築並設護城堤，本朝乾隆三十五年修。	卷 162，7650 頁。
臨邑縣	山東統部濟南府	縣	臨邑縣城，周九里有奇，門四，池廣二丈二尺。宋舊址，明萬曆七年甃石，本朝順治九年修，乾隆五十七年重修。	卷 162，7650 頁。

续表

長清縣	山東統部濟南府	縣	長清縣城，周四里有奇，門四，池廣二丈五尺。宋舊址，明成化中甃石，本朝順治六年修，乾隆五十七年重修。	卷162，7650頁。
陵縣	山東統部濟南府	縣	陵縣城，周八里有奇，門四，池廣三丈二尺。明正德六年改築，本朝康熙七年修，乾隆二十七年重修。	卷162，7650頁。
德州	山東統部濟南府	屬州	德州城，周十里有奇，門五，池廣五丈。明洪武中築。外有羅城，延袤二十里，明正德六年築。	卷162，7650頁。
德平縣	山東統部濟南府	縣	德平縣城，周三里有奇，門三，池廣四尺。明正德中增築外城，周六里，門四，池廣二丈。本朝康熙十一年修。	卷162，7650頁。
平原縣	山東統部濟南府	縣	平原縣城，周五里有奇，門四，池廣三丈二尺。元舊址，明萬曆十年甃磚，本朝康熙十年修，乾隆三十三年重修。	卷162，7651頁。

兖州府

城池名稱	所屬	城池等級	原文	資料出處
兖州府	山東統部	府	兖州府城，周十四里有奇，門四，郭門五，池廣三丈。明洪武十八年築，正德後屢經修築，本朝康熙十年修，乾隆四十三年重修。滋陽縣附郭。	卷165，7825頁。

续表

曲阜縣	山東統部兖州府	縣	曲阜縣城，周十里，門五，池廣一丈。明正統七年自縣東十里徙建，嘉靖以後屢修。	卷165，7825頁。
寧陽縣	山東統部兖州府	縣	寧陽縣城，周四里有奇，門四，池廣一丈二尺。宋天聖中築，明嘉靖後屢修、甃磚，本朝康熙二十四年修。	卷165，7825頁。
鄒縣	山東統部兖州府	縣	鄒縣城，周四里有奇，門四，城濠與小沙水相通。舊土築，明萬曆五年甃磚，本朝順治五年修，康熙七年、四十八年重修。	卷165，7825頁。
泗水縣	山東統部兖州府	縣	泗水縣城，周三里有奇，門四，池廣一丈二尺。明成化間修築，隆慶間甃石，本朝乾隆五十五年修。	卷165，7825頁。
滕縣	山東統部兖州府	縣	滕縣城，周五里有奇，門四，池廣三丈五尺，引梁溪水注之。明洪武二年因舊址甃磚石，本朝乾隆三十二年修。	卷165，7825頁。
嶧縣	山東統部兖州府	縣	嶧縣城，周四里，門四，池廣三丈。明成化二十二年因舊址甃石，本朝乾隆四十三年修。	卷165，7825頁。
汶上縣	山東統部兖州府	縣	汶上縣城，周十二里有奇，門四，池廣一丈二尺。明成化以後屢修築，本朝順治十四年修，乾隆四十二年、嘉慶二十一年重修。	卷165，7825頁。

续表

陽穀縣	山東統部兗州府	縣	陽穀縣城，周十二里，門四，池廣二丈。舊土城，明萬曆五年甃磚，二十五年加築護城堤，本朝康熙五十年修，乾隆五十五年、嘉慶二十一年重修。	卷165，7826頁。
壽張縣	山東統部兗州府	縣	壽張縣城，周五里，門四，池廣三丈。明弘治十四年增築，本朝順治十七年修，乾隆五十五年重修。	卷165，7826頁。

東昌府

城池名稱	所屬	城池等級	原文	資料出處
東昌府	山東統部	府	東昌府城，周七里有奇，門四，池廣三丈。宋淳化三年土築，明洪武五年甃磚，本朝乾隆五十七年修。聊城縣附郭。	卷168，8003頁。
堂邑縣	山東統部	縣	堂邑故城，周六里，門四，水門二。明洪武初土築，正德中增堤浚濠，崇禎十年環城共爲濠三重，本朝乾隆五十七年修。	卷168，8003頁。
博平縣	山東統部東昌府	縣	博平縣城，周四里餘，門四，池廣二丈。宋景德中土築，本朝康熙年間修，乾隆五十七年重修。	卷168，8003頁。

续表

茌平縣	山東統部東昌府	縣	茌平縣城，周三里有奇，門四，池廣三丈。明正德六年改築。	卷168，8003頁。
清平縣	山東統部東昌府	縣	清平縣城，周六里，門四，池廣二丈。金大定十三年土築。	卷168，8003頁
莘縣	山東統部東昌府	縣	莘縣城，周五里有奇，門四，池廣三丈。明成化十九年因故址築，正德七年築外城，本朝乾隆三十八年修，五十七年重修。	卷168，8003頁。
冠縣	山東統部東昌府	縣	冠縣城，周四里，門三，池廣三丈。金舊址，明萬曆二十二年甃磚。	卷168，8004頁。
館陶縣	山東統部東昌府	縣	館陶縣城，周四里，門四，池廣三丈。明成化三年土築，崇禎十二年甃磚，本朝乾隆五十七年修。	卷168，8004頁。
恩縣	山東統部東昌府	縣	恩縣城，周五里，門五，池廣三丈。明成化三年土築，本朝乾隆三十八年修。	卷168，8004頁。
高唐州	山東統部東昌府	屬州	高唐州城，周九里有奇，門四，池廣二丈，元舊址，明正德六年增築，本朝乾隆三十八年改建磚城。	卷168，8004頁。

青州府

城池名稱	所屬	城池等級	原文	資料出處
青州府	山東統部	府	青州府城，周十三里有奇，門四，池廣三丈五尺。本土城，明洪武三年甃磚，天順、正德間增修，本朝乾隆四十七年修。益都縣附郭。	卷 170，8111 頁。
博山縣	山東統部青州府	縣	博山縣城，周三里，門四，即顔神鎮故城也，本朝雍正十二年重建。	卷 170，8111 頁。
臨淄縣	山東統部青州府	縣	臨淄縣城，周四里，門四，池廣二丈。元末築，明成化中知縣蔣鳳甃磚，本朝乾隆六十年修。	卷 170，8111 頁。
博興縣	山東統部青州府	縣	博興縣城，周三里有奇，門四，池廣二丈二尺。元末築，明嘉靖三十四年修，本朝乾隆五十七年修。	卷 170，8111 頁。
高苑縣	山東統部青州府	縣	高苑縣城，周五里，門四，池廣三丈。明景泰四年築，萬曆四年甃磚。	卷 170，8111 頁。
樂安縣	山東統部青州府	縣	樂安縣城，周五里，門四，池廣二丈。明成化中增築，萬曆二十三年甃磚，本朝乾隆五十八年修。	卷 170，8112 頁。

续表

壽光縣	山東統部青州府	縣	壽光縣城，周三里有奇，門五，池廣一丈六尺。明正德六年增築，崇禎十三年甃磚，本朝康熙三十四年修，乾隆六十年重修。	卷170，8112頁。
昌樂縣	山東統部青州府	縣	昌樂縣城，周四里，門四，池廣一丈。明初築土城，成化二年重築，萬曆二十四年甃石。	卷170，8112頁。
臨朐縣	山東統部青州府	縣	臨朐縣城，周三里，門二，池廣一丈六尺。元至正末築，明崇禎十三年甃磚，本朝乾隆三十八年修。	卷170，8112頁。
安邱縣	山東統部青州府	縣	安邱縣城，周三里有奇，門三，池廣一丈七尺。明崇禎十三年甃磚，本朝康熙六十年修。	卷170，8112頁。
諸城縣	山東統部青州府	縣	諸城縣城，周九里，門五，池廣一丈九尺。明洪武四年修，本朝乾隆五十八年修。	卷170，8112頁。

登州府

城池名稱	所屬	城池等級	原文	資料出處
登州府	山東統部	府	登州府城，周九里，門四，上下水門各三，小水門一，池廣二丈。明洪武中築，萬曆間增敵臺二十八座。本朝乾隆十八年修，三十五年、五十八年重修。蓬萊縣附郭。	卷 173，8296 頁。
黃縣	山東統部登州府	縣	黃縣城，周八百四十二丈，門四，池廣二丈四尺。明洪武五年築，萬曆二十二年增築甃石，本朝康熙十一年修，乾隆十八年重修。	卷 173，8296 頁。
福山縣	山東統部登州府	縣	福山縣城，周五百七十丈，門三，池廣八尺。明洪武四年築，本朝雍正十三年修，乾隆二十七年、五十六年重修。	卷 173，8296 頁。
棲霞縣	山東統部登州府	縣	棲霞縣城，周二里有奇，門四，南面帶河。明萬曆三十七年甃石，又爲護城堤，以捍水患。本朝順治五年修。	卷 173，8296 頁。
招遠縣	山東統部登州府	縣	招遠縣城，周三里有奇，門四，池廣二丈二尺。明萬曆初修，本朝乾隆二十八年修。	卷 173，8296 頁。

续表

萊陽縣	山東統部登州府	縣	萊陽縣城，周六里，門四，池廣二丈二尺。明洪武三十一年築，正德十四年改建磚城，本朝乾隆二十八年修。	卷173，8297頁。
寧海州	山東統部登州府	屬州	寧海州城，周一千零六丈有奇，門四，池廣七丈。明洪武中甃磚，本朝康熙十一年修，乾隆三十二年增築甃石，嘉慶十四年重修。	卷173，8297頁。
文登縣	山東統部登州府	縣	文登縣城，周七里，門三，池廣三丈。明洪武元年築，萬曆八年甃石，本朝康熙中修。	卷173，8297頁。
海陽縣	山東統部登州府	縣	海陽縣城，周八里，門四，池廣八尺。原係大嵩衛舊建，明洪武三十一年築，本朝乾隆三年修。	卷173，8297頁。
榮成縣	山東統部登州府	縣	榮成縣城，周六里有奇，門四，池廣一丈五尺。原係成山衛舊建，明洪武三十一年築，本朝乾隆三年修，五十八年重修。	卷173，8297頁。

萊州府

城池名稱	所屬	城池等級	原文	資料出處
萊州府	山東統部	府	萊州府城，周五里有奇，門四，池廣四丈。明洪武四年築，本朝康熙年間屢修，乾隆二十一年、六十年重修。掖縣附郭。	卷174，8383頁。

续表

平度州	山東統部萊州府	屬州	平度州城，周五里有奇，門三，池廣一丈八尺。明洪武二十二年修，本朝乾隆五十八年增修。	卷174，8383頁。
濰縣	山東統部萊州府	縣	濰縣城，周九里有奇，門四，池廣二丈。明崇禎十二年增築，本朝乾隆十三年修。	卷174，8384頁。
昌邑縣	山東統部萊州府	縣	昌邑縣城，周五里，門三，池廣二丈。明萬曆五年增築，崇禎十三年甃磚，本朝乾隆五十八年修，嘉慶二十五年重修。	卷174，8384頁。
膠州	山東統部萊州府	屬州	膠州城，周四里，門三，池廣二丈五尺。明初築，洪武八年甃磚，萬曆年間增修，本朝順治十六年修，康熙七年、五十一年、乾隆三十二年重修。	卷174，8384頁。
高密縣	山東統部萊州府	縣	高密縣城，周三里有奇，門四，池廣二丈。元舊址，明嘉靖二年修，本朝順治、康熙年間屢修，乾隆三年重修。	卷174，8384頁。
即墨縣	山東統部萊州府	縣	即墨縣城，周四里，門三，池廣二丈。正德二年修，萬曆二十八年甃磚，本朝康熙二十六年修，四十三年、六十一年、乾隆十五年、五十八年重修。	卷174，8384頁。

武定府

城池名稱	所屬	城池等級	原文	資料出處
武定府	山東統部	府	武定府城，周二十里，門四，濠廣五丈。宋舊址，明嘉靖中甃磚，本朝康熙二十七年修，乾隆九年重修。惠民縣附郭。	卷176，8491頁。
青城縣	山東統部武定府	縣	青城縣城，周三里，門六，池廣二丈。元至正中築，明萬曆六年增築甃磚，本朝乾隆五十七年修。	卷176，8491頁。
陽信縣	山東統部武定府	縣	陽信縣城，周六里，門四，池廣一丈八尺。元至正間築，明嘉靖六年重建，本朝乾隆三年修，五十八年重修。	卷176，8491頁。
海豐縣	山東統部武定府	縣	海豐縣城，周三里，門四，池廣三丈。元至正中築，明洪武、正統、嘉靖間屢加修葺，本朝順治五年修，乾隆九年重修。	卷176，8491頁。
樂陵縣	山東統部武定府	縣	樂陵縣城，周三里，門四，池廣一丈。明洪武間築，後屢修。本朝順治十六年修，康熙九年、二十一年、二十七年重修。	卷176，8491頁。
商河縣	山東統部武定府	縣	商河縣城，周三里餘，門四，池廣一丈六尺。唐武德中舊址，明成化二年重築。正德六年，知縣陳皎創建外城，周九里。嘉靖、萬曆間屢修，本朝乾隆五十六年修。	卷176，8491頁。

续表

濱州	山東統部武定府	屬州	濱州城，周九里，門四，池廣二丈。元至正中築，明嘉靖十一年甃磚，有護城堤十餘里，本朝乾隆三十五年修。	卷176，8491頁。
利津縣	山東統部武定府	縣	利津縣城，周七里，門四，池廣一丈五尺。金明昌中築，明正德、嘉靖間修，萬曆中增置瓮城、敵樓，本朝乾隆三十二年修。	卷176，8492頁。
霑化縣	山東統部武定府	縣	霑化縣城，周五里，門四，池廣丈餘。金明昌中建，明成化二年、嘉靖十七年修。後圮，本朝乾隆十九年重建。	卷176，8492頁。
蒲臺縣	山東統部武定府	縣	蒲臺縣城，周三里餘，門四，池廣二丈。隋舊址，明成化二年增築，正德八年甃磚，萬曆七年修，本朝康熙三十二年修，乾隆五十七年重修。	卷176，8492頁。

沂州府

城池名稱	所屬	城池等級	原文	資料出處
沂州府	山東統部	府	沂州府城，周九里，門四，池廣一丈六尺。明洪武初建，本朝康熙七年修，十二年、乾隆三十二年重修。蘭山縣附郭。	卷177，8561頁。
郯城縣	山東統部沂州府	縣	郯城縣城，周五里有奇，門三，池廣三丈。元季築，明萬曆二十二年甃磚，本朝康熙二十九年修，五十三年重修。	卷177，8561頁。

续表

費縣	山東統部沂州府	縣	費縣城，周四里，門四，池廣三丈。明洪武初築，成化五年甃石，嘉靖中修，本朝順治、康熙年間屢修，乾隆三十六年重修。	卷 177，8561 頁。
莒州	山東統部沂州府	屬州	莒州城，周五里有奇，門三，池廣二丈七尺。元舊址，明萬曆中甃磚，本朝乾隆五十五年修。	卷 177，8561 頁。
蒙陰縣	山東統部沂州府	縣	蒙陰縣城，周二里，門三，池廣八尺。明洪武三十年築，正德九年甃石，本朝順治、康熙年間屢修，雍正三年築堤於城東以杜水患，乾隆五年重修。	卷 177，8561 頁。
沂水縣	山東統部沂州府	縣	沂水縣城，周三里有奇，門三，池廣二丈。明天順中甃石，後屢修。	卷 177，8562 頁。
日照縣	山東統部沂州府	縣	日照縣城，周三里，門三，池廣一丈二尺。金築，明萬曆二十一年甃磚，本朝康熙十三年修。	卷 177，8562 頁。
安東衛	山東統部沂州府	衛	安東衛城，周五里，高二丈一尺。明弘治中筑，本朝乾隆七年衛裁，改歸安東營駐守。	卷 177，8562 頁。

泰安府

城池名稱	所屬	城池等級	原文	資料出處
泰安府	山東統部	府	泰安府城，周七里有奇，門四，池廣三丈。明嘉靖二年築，本朝乾隆十三年修，三十九年重修。泰安縣附郭。	卷179，8675頁。
肥城縣	山東統部泰安府	縣	肥城縣城，周六里，門二，池廣一丈。明成化五年築，萬曆二十二年甃石，本朝乾隆五十九年修。	卷179，8675頁。
新泰縣	山東統部泰安府	縣	新泰縣城，周六里，門二，池廣一丈。明正德六年築，天啓二年甃石，本朝乾隆三年修，二十八年重修。	卷179，8675頁。
萊蕪縣	山東統部泰安府	縣	萊蕪縣城，周三里，門三，池廣一丈八尺。明正德六年築，本朝雍正八年修。	卷179，8675頁。
東平州	山東統部泰安府	屬州	東平州城，周二十四里，門六，池廣六丈。宋咸平三年築，明嘉靖、萬曆、崇禎俱重修。本朝乾隆三十六年改建磚城，嘉慶十九年修。	卷179，8676頁。
東阿縣	山東統部泰安府	縣	東阿縣城，周四里有奇，門四，池廣一丈五尺。明洪武八年築，弘治十二年甃磚，本朝康熙五年修，十一年、乾隆五十六年重修。	卷179，8676頁。

续表

平陰縣	山東統部泰安府	縣	平陰縣城，周四里，門四，池廣二丈。元至元十三年築，明萬曆十一年甃石，本朝順治三年修，八年、乾隆三十五年重修。	卷179，8676頁。

曹州府

城池名稱	所屬	城池等級	原文	資料出處
曹州府	山東統部	府	曹州府城，周十二里，門四，池廣四丈。明正統十一年築，嘉靖元年環城五里外築護城堤，本朝乾隆三十二年建磚城。菏澤縣附郭。	卷181，8807頁。
單縣	山東統部曹州府	縣	單縣城，周五里一百九十七步，門四，池廣四丈。明嘉靖五年建。去城一里有護城堤，周環十二里有奇。本朝乾隆三十三年修。	卷181，8807頁。
城武縣	山東統部曹州府	縣	城武縣城，周六里有奇，門四，池廣二丈五尺。元泰定三年築。城外有堤，明嘉靖間築。本朝乾隆三年修，五十五年重修。	卷181，8808頁。
鉅野縣	山東統部曹州府	縣	鉅野縣城，周六里有奇，門四，池廣一丈有奇。明成化四年築。城外有堤，明正德中築。本朝乾隆三十七年修，五十六年重修。	卷181，8808頁。

续表

鄆城縣	山東統部曹州府	縣	鄆城縣城，周六里有奇，門四，池廣七尺。明成化中修，弘治、正德、天啓中屢修，本朝康熙八年修，十三年、乾隆二十九年重修，並築護城堤，周十里。	卷181，8808頁。
曹縣	山東統部曹州府	縣	曹縣城，周九里，門四，池廣二丈。明正統十一年築，成化、弘治、嘉靖間修，隆慶二年甃磚，萬曆、天啓、崇禎間重修。城外有堤。	卷181，8808頁。
定陶縣	山東統部曹州府	縣	定陶縣城，周七里有奇，門四，池廣四丈。明成化二年築，正德六年增築並築護城堤，嘉靖、天啓間修。本朝順治十二年修，雍正五年、乾隆二年、十五年重修。	卷181，8808頁。
濮州	山東統部曹州府	屬州	濮州城，周七里有奇，門四，池廣四丈。明景泰三年築，正德六年修，嘉靖十七年甃磚。	卷181，8808頁。
范縣	山東統部曹州府	縣	范縣城，周六里有奇，門六，池廣四丈。舊在今治二十里外，明洪武十三年因河圮徙築於此。成化、弘治間修，本朝康熙八年修，乾隆五十六年重修。	卷181，8808頁。
觀城縣	山東統部曹州府	縣	觀城縣城，周九里，門三，池廣二丈。明正德六年築，城外有堤。	卷181，8809頁。

续表

朝城縣	山東統部曹州府	縣	朝城縣城，周五里有奇，門四，池廣二丈。明洪武五年築，崇禎九年修，本朝康熙元年修，乾隆二十九年重修。	卷181，8809頁。

濟寧州

城池名稱	所屬	城池等級	原文	資料出處
濟寧州	山東統部	直隸州	濟寧州城，周九里，門四，池廣四丈五尺。明洪武三年改築，本朝康熙年間修。乾隆三十六年高宗純皇帝東巡，有御製《過濟寧城詩》。嘉慶十六年重修。	卷183，8927頁。
金鄉縣	山東統部濟寧州	縣	金鄉縣城，周七里有奇，門四，池廣四丈六尺，外爲重堤，周十一里。明萬曆六年因舊址甃磚，本朝康熙十二年修，四十九年、乾隆三十六年重修。	卷183，8928頁。
嘉祥縣	山東統部濟寧州	縣	嘉祥縣城，周四里，門五，池廣里許。創自金皇統間，明成化初改築，崇禎間甃石，本朝康熙年間修，乾隆五十六年重修。	卷183，8928頁。
魚臺縣	山東統部濟寧州	縣	魚臺縣城，周七里，外環以堤。本元泰定中築，本朝乾隆二十二年城圮於水，移建董家店周三里有奇，門三，池廣三丈。	卷183，8928頁。

臨清州

城池名稱	所屬	城池等級	原文	資料出處
臨清州	山東統部	直隸州	臨清州城，周九里有奇，門四，池廣九尺。明正德間於西、南二面築羅城，嘉靖間廣之，跨汶、衛二水，門六，水門三，月城四。本朝順治六年修，乾隆二十二年、三十四年重修。	卷184，8977頁。
武城縣	山東統部臨清州	縣	武城縣城，周四里，門四，池廣三丈。明成化三年土築，本朝順治六年修。	卷184，8977頁。
夏津縣	山東統部臨清州	縣	夏津縣城，周七里，門四，池廣一丈二尺。明天順中土築，本朝順治三年修，康熙十年、乾隆五十六年重修。	卷184，8977頁。
邱縣	山東統部臨清州	縣	邱縣城，周八里，門四，池廣一丈六尺。元至元二十七年土築，本朝順治七年修，康熙元年、乾隆五十五年重修。	卷184，8977頁。

河南統部

開封府

城池名稱	所屬	城池等級	原文	資料出處
開封府	河南統部	府	開封府城，周二十里有奇，門五，池廣五丈。唐建中二年建，明洪武初甃以磚石，崇禎末爲河水灌圮，本朝康熙初重建，乾隆二十二年修，二十九年重修。祥符縣附郭。	卷 186，9132 頁。
陳留縣	河南統部開封府	縣	陳留縣城，周七里，門四，池廣一丈五尺。隋大業十年築，明崇禎初甃磚，本朝順治元年修，乾隆三十年重修。	卷 186，9132 頁。
杞縣	河南統部開封府	縣	杞縣城，周九里，門五，池廣二丈。元初築，明洪武初修，崇禎八年甃磚，本朝康熙三十年修，乾隆三十年重修。	卷 186，9133 頁。
通許縣	河南統部開封府	縣	通許縣城，周四里，門六，池廣二丈。唐建，明末毀，本朝康熙二十一年修，乾隆二十九年重修。	卷 186，9133 頁。

续表

尉氏縣	河南統部開封府	縣	尉氏縣城，周七里，門六，池廣二丈。漢建，明末毁，本朝順治三年重築，乾隆二十九年修。	卷186，9133頁。
洧川縣	河南統部開封府	縣	洧川縣城，周七里，門四，池廣五丈。舊在縣南，即唐廢州基址，明洪武初以水患遷築於此。本朝順治五年修，康熙二十二年、雍正六年重修。	卷186，9133頁。
鄢陵縣	河南統部開封府	縣	鄢陵縣城，周六里，門四，池廣二丈。明景泰初因舊修築，崇禎六年甃磚，本朝順治十五年修，雍正七年、乾隆二十九年重修。	卷186，9133頁。
中牟縣	河南統部開封府	縣	中牟縣城，周六里，門四，池廣一丈二尺。明天順中改築，崇禎七年甃磚，本朝順治二年修，康熙十一年、乾隆二十六年、二十九年重修。	卷186，9133頁。
蘭陽縣	河南統部開封府	縣	蘭陽縣城，周五里，門四，池廣一丈五尺。宋建隆中築，崇禎八年甃磚，本朝康熙九年修，雍正七年、乾隆二十七年重修。	卷186，9133頁。
儀封廳	河南統部開封府	屬廳	儀封廳城，周八里，門六，池廣八尺。明洪武中增築，本朝康熙二年修。	卷186，9133頁。
鄭州	河南統部開封府	屬州	鄭州城，周九里有奇，門四，池廣四丈。唐武德四年築，明崇禎十二年甃磚，本朝順治二年修，乾隆三年重修。	卷186，9133頁。

续表

滎陽縣	河南統部開封府	縣	滎陽縣城，周五里，門五，池廣二丈。後魏建，明洪武初修，本朝順治二年修，乾隆二十八年重修。	卷186，9134頁。
滎澤縣	河南統部開封府	縣	滎澤縣城，周四里，門四，池廣五丈。明成化中徙築。崇禎六年建重城、複濠，繞以土堤。本朝順治十二年修，康熙二十一年、二十九年、三十八年、乾隆十年重修。	卷186，9134頁。
汜水縣	河南統部開封府	縣	汜水縣城，周五里，門五，池廣二丈。明洪武初築。崇禎十六年移治西北摩天寨，依成皋舊址築新城。本朝順治二年復還舊城，乾隆二十七年修。	卷186，9134頁。
禹州	河南統部開封府	屬州	禹州城，周十里，門四，引潁水至南濠。明正統中築，本朝康熙五十二年修。	卷186，9134頁。
密縣	河南統部開封府	縣	密縣城，周七里，門四，池廣二丈。明洪武三年增築，本朝順治六年建門樓、角樓，乾隆二十八年修。	卷186，9134頁。
新鄭縣	河南統部開封府	縣	新鄭縣城，周九里，門四，池廣一丈四尺。明宣德元年因舊址修，本朝順治六年修，十五年、乾隆十年重修。	卷186，9134頁。

陳州府

城池名稱	所屬	城池等級	原文	資料出處
陳州府	河南統部	府	陳州府城，周七里有奇，門四，池廣二丈，外有護堤。明洪武四年建，本朝順治三年修，乾隆二十七年重修。淮寧縣附郭。	卷 191，9436 頁。
商水縣	河南統部陳州府	縣	商水縣城，周四里有奇，門四，池廣二丈。明崇禎九年甃磚，本朝順治三年修，乾隆二十八年重修。	卷 191，9436 頁。
西華縣	河南統部陳州府	縣	西華縣城，周四里有奇，門四，池廣二丈五尺。明隆慶二年甃磚，本朝康熙二十八年修，乾隆三十年重修。	卷 191，9436 頁。
項城縣	河南統部陳州府	縣	項城縣城，周七里，門四，池廣一丈二尺。明嘉靖三十六年增築，本朝順治十三年修，乾隆二十九年重修。	卷 191，9436 頁。
沈邱縣	河南統部陳州府	縣	沈邱縣城，周四里，門四，池廣一丈五尺。明正德二年甃磚，本朝順治十三年修，乾隆三十年重修。	卷 191，9436 頁。
太康縣	河南統部陳州府	縣	太康縣城，周九里，門四，池廣四丈。明崇禎中甃磚，本朝順治三年修，康熙三十四年、乾隆三年、十二年、二十八年重修。	卷 191，9436 頁。

续表

扶溝縣	河南統部陳州府	縣	扶溝縣城，周九里，門四，池廣五丈二尺。明隆慶中甃磚，本朝順治十三年修，康熙四年、乾隆二十七年重修。	卷191，9436頁。

歸德府

城池名稱	所屬	城池等級	原文	資料出處
歸德府	河南統部	府	歸德府城，周七里有奇，門四，池廣五丈二尺。明洪武二十二年因舊基修築，正德中改築。本朝順治初修，康熙二十六年、乾隆十一年、十三年、二十九年重修。商邱縣附郭。	卷193，9545頁。
寧陵縣	河南統部歸德府	縣	寧陵縣城，周五里，門四，池廣八尺。明成化十八年改築，本朝雍正七年修，乾隆二十八年重修。	卷193，9545頁。
鹿邑縣	河南統部歸德府	縣	鹿邑縣城，周九里有奇，門四，池廣八尺。明洪武二年增築，本朝順治十六年修，乾隆二十三年、二十五年重修。	卷193，9546頁。
夏邑縣	河南統部歸德府	縣	夏邑縣城，周五里，門四，池廣八尺。明正統十四年增築，崇禎十一年改建，本朝康熙二十七年修，乾隆三十一年重修。	卷193，9546頁。

续表

永城縣	河南統部歸德府	縣	永城縣城，周五里有奇，門五，池廣二丈三尺。明景泰元年增築，本朝順治十六年修，乾隆十一年、二十九年重修。	卷193，9546頁。
虞城縣	河南統部歸德府	縣	虞城縣城，周四里，門四，池廣二丈五尺，外爲護城堤。明嘉靖中改築，崇禎十一年甃磚，本朝乾隆二十八年修。	卷193，9546頁。
睢州	河南統部歸德府	屬州	睢州城，周十里有奇，門四，池廣三丈。明洪武元年增築，本朝康熙二十一年修，乾隆二十七年重修。《舊志》有舊城，亦周十里，宋崇寧中建，與新城相屬。	卷193，9546頁。
柘城縣	河南統部歸德府	縣	柘城縣城，周四里，門四，池廣三丈。明嘉靖二十一年改築，本朝順治十四年修，康熙二十八年、四十二年、乾隆十年、二十八年重修。	卷193，9546頁。

彰德府

城池名稱	所屬	城池等級	原文	資料出處
彰德府	河南統部	府	彰德府城，周九里有奇，門四，池廣十丈。明洪武初築，本朝康熙十六年修，雍正七年、乾隆二十五年、二十六年、二十七年重修。安陽縣附郭。	卷196，9673頁。

续表

臨漳縣	河南統部彰德府	縣	臨漳縣城，周四里有奇，門四，池廣一丈；外城周六里。明洪武二十七年築，本朝順治五年修。	卷196，9673頁。
湯陰縣	河南統部彰德府	縣	湯陰縣城，周四里，門六，池廣二丈。明洪武三十年築，崇禎中甃磚，本朝乾隆二十三年修，二十七年重修。	卷196，9673頁。
林縣	河南統部彰德府	縣	林縣城，周三里，門四，池廣一丈五尺。明洪武七年築，本朝乾隆十年修，二十七年重修。	卷196，9673頁。
武安縣	河南統部彰德府	縣	武安縣城，周三里有奇，門五，池廣一丈；外城周十三里。明洪武十七年築，嘉靖二十三年修。	卷196，9673頁。
涉縣	河南統部彰德府	縣	涉縣城，周四里，門二，池廣三丈。明洪武十八年築，嘉靖二十有一年甃磚。	卷196，9674頁。
內黃縣	河南統部彰德府	縣	內黃縣城，周五里，門八，池廣五丈；外城周九里，亦有池。明洪武初築，萬曆二十五年甃磚，本朝康熙二十年修，雍正六年重修。	卷196，9674頁。

衛輝府

城池名稱	所屬	城池等級	原文	資料出處
衛輝府	河南統部	府	衛輝府城，周六里有奇，門三，池廣三丈五尺。東魏時築，明正統間甃磚，萬曆中增築，本朝順治十一年修，十三年、乾隆十五年、十八年、二十二年、二十八年重修。汲縣附郭。	卷199，9792頁。
新鄉縣	河南統部衛輝府	縣	新鄉縣城，周五里，門四，池廣二丈。唐武德元年築，明崇禎中甃磚，本朝順治年間修，康熙四年、乾隆九年重修。	卷199，9792頁。
獲嘉縣	河南統部衛輝府	縣	獲嘉縣城，周三里有奇，門四，池廣二丈。明洪武三年築，本朝康熙二十三年甃磚，雍正十一年修，乾隆九年、十五年重修。	卷199，9792頁。
淇縣	河南統部衛輝府	縣	淇縣城，周八里有奇，門四，池廣一丈二尺。明正統中建，本朝雍正七年修，乾隆十五年、二十九年重修。	卷199，9792頁。
輝縣	河南統部衛輝府	縣	輝縣城，周四里，門三，池廣八尺。明景泰二年築，崇禎五年甃磚，本朝順治十五年修，康熙三十九年、乾隆十三年、二十二年重修。	卷199，9792頁。

续表

延津縣	河南統部衛輝府	縣	延津縣城，周七里，門四，池廣一丈二尺。元大德間築，明萬曆中甃磚，本朝康熙四十一年修，乾隆十年、二十八年重修。	卷199，9792頁。
濬縣	河南統部衛輝府	縣	濬縣城，周七里，門四，池廣二丈五尺。元在浮邱山，明洪武初徙山北。萬曆中重築，包浮邱山之半。崇禎中甃磚。本朝乾隆十一年修，二十二年、三十年重修。	卷199，9792頁。
滑縣	河南統部衛輝府	縣	滑縣城，周九里，門五，池廣二丈。明崇禎十一年甃磚，本朝雍正七年修，乾隆十八年重修。	卷199，9793頁。
封邱縣	河南統部衛輝府	縣	封邱縣城，周五里，門五，池廣一丈三尺。明洪武初建，本朝順治十八年修，雍正五年、乾隆九年、二十八年重修。	卷199，9793頁。
考城縣	河南統部衛輝府	縣	考城縣城，周四里，門四，池廣一丈。原建南岸，隸歸德府，乾隆四十八年黃河漫溢，城沒於水，改建北岸，其地近衛輝府，因改隸焉。	卷199，9793頁。

懷慶府

城池名稱	所屬	城池等級	原文	資料出處
懷慶府	河南統部	府	懷慶府城，周九里有奇，門四，池廣五丈。元至正中建，明洪武初重築，本朝順治十二年修，雍正七年、乾隆二十七年重修。河内縣附郭。	卷 202，9930 頁。
濟源縣	河南統部懷慶府	縣	濟源縣城，周五里有奇，門四，池廣二丈五尺。隋開皇中建，明景泰四年增築，崇禎十一年甃磚，本朝乾隆九年修，十九年、二十八年重修。	卷 202，9930 頁。
修武縣	河南統部懷慶府	縣	修武縣城，周四里，門四，池廣二丈。明景泰初增築，本朝康熙二十三年修，雍正七年重修。	卷 202，9930 頁。
武陟縣	河南統部懷慶府	縣	武陟縣城，周四里有奇，門三，池廣一丈五尺。唐武德中建，明洪武、景泰、嘉靖間增築，本朝康熙十四年修，二十六年、乾隆二十七年重修。	卷 202，9930 頁。
孟縣	河南統部懷慶府	縣	孟縣城，周九里有奇，門四，池廣二丈二尺。金大定中築，明景泰二年增築，本朝乾隆十年修，二十七年重修。	卷 202，9930 頁。

续表

溫縣	河南統部懷慶府	縣	溫縣城，周五里有奇，門三，池廣一丈二尺。唐武德中建，明景泰初修築，本朝康熙五十五年修，雍正八年、乾隆十年重修。	卷 202，9930 頁。
原武縣	河南統部懷慶府	縣	原武縣城，周四里有奇，門四，池廣一丈五尺。明洪武初築，正統中增築，本朝康熙二十一年修，乾隆九年、二十七年重修。	卷 202，9930 頁。
陽武縣	河南統部懷慶府	縣	陽武縣城，周九里，門五，池廣一丈四尺。漢建，明正統中增築，崇禎十二年甃磚，本朝順治七年修，雍正七年、乾隆二十八年重修。	卷 202，9930 頁。

河南府

城池名稱	所屬	城池等級	原文	資料出處
河南府	河南統部	府	河南府城，周八里有奇，門四，濠廣三丈。明洪武元年築，本朝順治五年修，乾隆二十六年重修。洛陽縣附郭。	卷 205，10093 頁。
偃師縣	河南統部河南府	縣	偃師縣城，周六里有奇，門四，濠廣一丈五尺。明洪武中增築，本朝順治九年修，康熙五十年、乾隆二十七年重修。	卷 205，10093 頁。

续表

宜陽縣	河南統部河南府	縣	宜陽縣城，周四里，門四，濠廣二丈。明景泰元年修，本朝順治五年修，乾隆二十七年重修。	卷205，10093頁。
新安縣	河南統部河南府	縣	新安縣城，周四里有奇，門四。明洪武初建，崇禎九年移北城跨慕容山，增拓二百步，本朝順治十三年修，乾隆十九年、二十七年重修。	卷205，10093頁。
鞏縣	河南統部河南府	縣	鞏縣城，周七里有奇，門四，濠廣一丈五尺。明成化中重築，本朝順治六年修，康熙二十年、乾隆九年、二十七年重修。	卷205，10093頁。
孟津縣	河南統部河南府	縣	孟津縣城，周四里，門四，濠廣四丈。明嘉靖中築，崇禎中甃磚，本朝順治六年修，康熙三十年重修。	卷205，10093頁。
登封縣	河南統部河南府	縣	登封縣城，周四里，門四，濠廣二丈。明景泰元年重築，本朝順治三年修，乾隆九年、二十七年重修。	卷205，10093頁。
永寧縣	河南統部河南府	縣	永寧縣城，周四里有奇，門三，濠廣丈餘。明洪武中重建，本朝順治九年修，康熙二十五年、雍正七年、乾隆十年、二十七年重修。	卷205，10093頁。
澠池縣	河南統部河南府	縣	澠池縣城，舊城周八里有奇，門六，南距澠水。明成化中重築。崇禎十年截去西城一半，僅存三分之一，東西二門。本朝順治十一年修，康熙十五年、雍正十二年、乾隆十年、十九年、二十七年屢修。	卷205，10093頁。

续表

嵩縣	河南統部河南府	縣	嵩縣城，周五里有奇，門四，濠廣五丈二尺。明洪武中重建，本朝順治十七年修，雍正十二年、乾隆十七年重修。	卷205，10093頁。

南陽府

城池名稱	所屬	城池等級	原文	資料出處
南陽府	河南統部	府	南陽府城，周六里有奇，門四，池廣二丈。明洪武三年建，本朝康熙二十三年修，乾隆七年重修。南陽縣附郭。	卷210，10316頁。
南召縣	河南統部南陽府	縣	南召縣城，周二里，門四，池廣二丈。明成化中建，本朝雍正十二年重築，乾隆十年修，二十八年重修。	卷210，10316頁。
唐縣	河南統部南陽府	縣	唐縣城，周六里，門四，池廣二丈。明洪武三年建，正德十二年重建，嘉靖中增築，本朝順治九年修，康熙二十五年、雍正八年、乾隆十年、十八年、二十三年、二十八年重修。	卷210，10316頁。
泌陽縣	河南統部南陽府	縣	泌陽縣城，周五里，門四，池廣一丈五尺。明成化五年建，正德六年、崇禎十四年增建，本朝順治六年修，康熙二十四年、五十四年、乾隆十八年、二十七年重修。	卷210，10316頁。

续表

桐柏縣	河南統部南陽府	縣	桐柏縣城，周四里，門四，池廣一丈五尺。明成化十三年建，嘉靖中重建，本朝順治、康熙中修，乾隆二十七年重修。	卷210，10316頁。
鎮平縣	河南統部南陽府	縣	鎮平縣城，周五里有奇，門四，池廣一丈五尺。明正德九年建，本朝康熙二十七年修，乾隆十八年重修。	卷210，10316頁。
鄧州	河南統部南陽府	屬州	鄧州城，内城周四里有奇，門四，池廣一丈五尺；外城周十五里有奇，門五，池廣六丈，引刁河水注之。明洪武二年建，嘉靖三十二年、三十五年復營葺外城。萬曆中增浚外城河。崇禎七年、十年重建。本朝順治三年增治内城，康熙三十年修，乾隆十年重修。	卷210，10316頁。
淅川縣	河南統部南陽府	縣	淅川縣城，周四里有奇，門四，池廣二丈。明成化中及正德十二年屢加增築，萬曆五年浚濠加深，本朝順治三年修，乾隆十年重修。	卷210，10317頁。
新野縣	河南統部南陽府	縣	新野縣城，周四里，門四，池廣二丈五尺。明天順五年建，正德六年增高，嘉靖四年浚濠，本朝康熙二十五年修，乾隆八年、二十八年重修。	卷210，10317頁。
内鄉縣	河南統部南陽府	縣	内鄉縣城，周八里，門四，池廣一丈二尺。明正德六年甃磚，萬曆二十七年增築，本朝順治二年修，乾隆十二年重修。	卷210，10317頁。

续表

裕州	河南統部南陽府	屬州	裕州城，周九里，門四，池廣二丈。明洪武三年建，正德六年修，本朝順治十二年修，康熙二十六年、雍正十二年重修。	卷 210，10317 頁。
舞陽縣	河南統部南陽府	縣	舞陽縣城，周八里，門四，池廣二丈，外築護城堤，廣一丈。明成化十九年建，正德、隆慶中重建，本朝康熙二十八年修，雍正三年、乾隆六年、二十八年重修。	卷 210，10317 頁。
葉縣	河南統部南陽府	縣	葉縣城，周六里，門三，池廣十丈，引昆水注其中。明正德六年增築，嘉靖三年浚池，隆慶、萬曆中重建，本朝順治十二年修，康熙二十九年、雍正二年、乾隆十四年、二十九年重修。	卷 210，10317 頁。

汝寧府

城池名稱	所屬	城池等級	原文	資料出處
汝寧府	河南統部	府	汝寧府城，周九里，門四，池廣十丈，開南堤石門引汝水爲濠。明洪武八年築，本朝康熙元年修，雍正七年重修。汝陽縣附郭。	卷 215，10512 頁。
正陽縣	河南統部汝寧府	縣	正陽縣城，周四里有奇，門四，池廣三丈，外有堤，堤外復爲小濠。明正德二年築，七年甃磚，本朝順治、康熙年間屢修。	卷 215，10512 頁。

续表

上蔡縣	河南統部汝寧府	縣	上蔡縣城，周九里，門四，池廣一丈。明正德六年築，嘉靖六年改甃磚，本朝順治三年修，康熙二十五年、乾隆二十九年重修。	卷 215，10512 頁。
新蔡縣	河南統部汝寧府	縣	新蔡縣城，周二里有奇，門四，池廣一丈二尺。明洪武五年築，正德十一年甃磚，本朝順治十三年修，康熙二十七年重修。	卷 215，10512 頁。
西平縣	河南統部汝寧府	縣	西平縣城，周五里，門四，池廣二丈。明正德十四年築，本朝雍正二年修，乾隆二十九年重修。	卷 215，10512 頁。
遂平縣	河南統部汝寧府	縣	遂平縣城，周九里，門四，池廣一丈五尺。明正統十二年築，正德八年甃磚，本朝順治、康熙年間屢修，乾隆二十九年重修。	卷 215，10512 頁。
確山縣	河南統部汝寧府	縣	確山縣城，周六里有奇，門三，池廣二丈五尺。明成化間築，正德中甃磚，本朝順治十六年修，康熙二十六年、乾隆二十八年重修。	卷 215，10512 頁。
信陽州	河南統部汝寧府	屬州	信陽州城，周九里，門四，又有小南門，池廣六丈五尺。明洪武十三年築，本朝順治十五年修，康熙四十五年、乾隆二十八年重修。	卷 215，10512 頁。
羅山縣	河南統部汝寧府	縣	羅山縣城，周五里，門四，南面臨小黄河，三面爲濠，廣三丈。明景泰元年築，本朝順治十七年、雍正七年重修。	卷 215，10512 頁。

許州

城池名稱	所屬	城池等級	原文	資料出處
許州	河南統部	直隸州	許州城，周九里有奇，門四，池廣二丈三尺，城外置四關樓，左右復設小門二，郭周四十五里，俗名連環城。明正統中增築，本朝順治十四年修，乾隆二十九年重修。	卷218，10642頁。
臨潁縣	河南統部許州	縣	臨潁縣城，周五里，門四，池廣五丈，引潁水入五里河注之。明洪武三年築，本朝康熙四十六年修，乾隆二十八年重修。	卷218，10643頁。
襄城縣	河南統部許州	縣	襄城縣城，周六里，門五，四門外增置西南一門，環城爲隍，西南當汝水之冲。明成化中築，本朝順治六年修，康熙二十二年重修。	卷218，10643頁。
郾城縣	河南統部許州	縣	郾城縣城，周九里，門五，池廣二丈五尺。明成化中築，本朝順治十年修，乾隆二十九年重修。	卷218，10643頁。
長葛縣	河南統部許州	縣	長葛縣城，周六里，門四，池廣二丈。明正統中建，本朝雍正七年修，乾隆十年重修。	卷218，10643頁。

陝州

城池名稱	所屬	城池等級	原文	資料出處
陝州	河南統部	直隸州	陝州城，周九里有奇，門四，池廣二丈。明洪武初增築，本朝康熙十八年修，雍正七年、乾隆二十七年重修。	卷 220，10730 頁。
靈寶縣	河南統部陝州	縣	靈寶縣城，周三里，門五，池廣一丈五尺。明嘉靖八年建，本朝康熙二十三年修，雍正五年重修。	卷 220，10730 頁。
閿鄉縣	河南統部陝州	縣	閿鄉縣城，周四里，門三，池廣一丈。明萬曆十八年築石堤護城，本朝順治七年修，十一年、乾隆十二年、十七年重修。	卷 220，10730 頁。
盧氏縣	河南統部陝州	縣	盧氏縣城，周七里有奇，門四，池廣八尺。明洪武初增築，本朝康熙十三年修，五十年重修。	卷 220，10730 頁。

光州

城池名稱	所屬	城池等級	原文	資料出處
光州	河南統部	直隸州	光州城，有南北兩城，北城門五，南城門六，周九里，池廣二丈。明正德七年甃磚，本朝順治六年修，十六年、康熙六十一年、乾隆二十九年屢修。	卷 222，10812 頁。

续表

光山縣	河南統部光州	縣	光山縣城，周七里有奇，門四，池廣三丈。明正德十二年甃磚，本朝順治十四年修，康熙二十七年、雍正七年、乾隆元年重修。	卷222，10812頁。
固始縣	河南統部光州	縣	固始縣城，周六里，門五，池廣五丈。本朝順治十五年修，康熙二十七年圮，重建，乾隆八年修。	卷222，10813頁。
息縣	河南統部光州	縣	息縣城，周五里，門四，池廣二丈五尺。本朝順治七年修，十五年、康熙二十四年、雍正七年重修。	卷222，10813頁。
商城縣	河南統部光州	縣	商城縣城，周六里，門四，池廣二丈五尺。本朝順治三年修。	卷222，10813頁。

汝州

城池名稱	所屬	城池等級	原文	資料出處
汝州	河南統部	直隸州	汝州城，周九里，門四，池廣三丈。本朝順治八年營繕，康熙二十五年修，乾隆八年、二十七年重修。	卷224，10888頁。
魯山縣	河南統部汝州	縣	魯山縣城，周六里，門五，池廣二丈。明崇禎十三年甃磚，本朝乾隆二十八年修。	卷224，10888頁。

续表

郟縣	河南統部汝州	縣	郟縣城，周十二里，門五，池廣三丈。明嘉靖十四年甃磚，本朝順治九年修。	卷224，10888頁。
寶豐縣	河南統部汝州	縣	寶豐縣城，周四里，門四，池廣三丈。明嘉靖中甃磚，本朝順治九年修，康熙二十五年、乾隆六年重修。	卷224，10888頁。
伊陽縣	河南統部汝州	縣	伊陽縣城，周四里，門四，池廣一丈。明成化中築，本朝順治三年修，雍正七年、乾隆二十八年重修。	卷224，10888頁。

陝西統部

西安府

城池名稱	所屬	城池等級	原文	資料出處
西安府	陝西統部	府	西安府城，周四十里，高三丈，門四，東曰長樂、西曰安定、南曰永安、北曰安遠，池深二丈，廣八丈。本隋唐京城舊址，唐末改建。明洪武初增修，本朝順治十三年修，康熙元年、乾隆四年、二十八年、四十七年、嘉慶十六年屢修。又城內東北隅有城，周九里，門五，即故明秦藩城，本朝順治六年改築以居八旗駐防，乾隆五十一年修。長安、咸寧兩縣附郭。	卷 227，11060 頁。
咸陽縣	陝西統部西安府	縣	咸陽縣城，周九里有奇，門九，南瀕渭河，東、西、北有池，廣三丈。明景泰三年建，嘉靖二十六年拓東、西、北三面，本朝乾隆四年重修。	卷 227，11060 頁。

续表

興平縣	陝西統部西安府	縣	興平縣城，周七里有奇，池深一丈，門四。隋大業九年建，本朝乾隆十八年修。	卷227，11060頁。
臨潼縣	陝西統部西安府	縣	臨潼縣城，周五里，門四，池深一丈五尺。明洪武初因唐舊址建，本朝乾隆五年修。	卷227，11060頁。
高陵縣	陝西統部西安府	縣	高陵縣城，周四里有奇，門四，池深二丈五尺。明景泰初因隋舊址建，本朝乾隆十八年修。	卷227，11060頁。
鄠縣	陝西統部西安府	縣	鄠縣城，周六里有奇，門四，四面有池，深一丈五尺。金大定二十三年建，本朝康熙二十年修，乾隆十一年、嘉慶二十一年重修。	卷227，11061頁。
藍田縣	陝西統部西安府	縣	藍田縣城，周四里有奇，門四，西南隅水門一，池深二丈。嘉靖二年因晋舊址建，本朝順治十六年修，乾隆十七年重修。	卷227，11061頁。
涇陽縣	陝西統部西安府	縣	涇陽縣城，周五里有奇，門四，四面有池，深七尺。元末因舊址改建，明成化、崇禎間增修，本朝乾隆二十七年重修。	卷227，11061頁。

续表

三原縣	陝西統部西安府	縣	三原縣城，周九里有奇，門四，水門二，北臨清河，東、西、南三面有池，廣五丈。元至元二十四年土築，明初增築西郭，周不及二里，門二。嘉靖三十六年築北郭，周四里有奇，門四。崇禎中又增築東郭，周二里有奇，門二。本朝乾隆十一年、二十五年修，嘉慶二十一年重修。	卷227，11061頁。
盩厔縣	陝西統部西安府	縣	盩厔縣城，周五里有奇，門四，池廣三丈五尺。本朝康熙元年因舊址重建，十七年修，乾隆十三年重修。	卷227，11061頁。
渭南縣	陝西統部西安府	縣	渭南縣城，周七里有奇，門四，池深一丈五尺。隋大業元年建，明嘉靖三十五年拓築，隆慶初甃磚，本朝雍正七年修，乾隆十四年重修。	卷227，11061頁。
富平縣	陝西統部西安府	縣	富平縣城，周三里，門四，池深一丈。明正統初土築，嘉靖末甃磚，本朝康熙元年修，乾隆十七年重修。	卷227，11061頁。
醴泉縣	陝西統部西安府	縣	醴泉縣城，有内外二城。内城周二里許，門四，元末建，明成化四年增築東、西、南三面。外城周六里有奇，門五，池深二丈。崇禎中修，本朝乾隆十三年重修。	卷227，11062頁。
耀州	陝西統部西安府	屬州	耀州城，周六里，門四，池深一丈。明景泰中因舊址重建，嘉靖、弘治中增修，本朝乾隆三十一年重修。	卷227，11062頁。

续表

同官縣	陝西統部西安府	縣	同官縣城，周四里有奇，門四，池深一丈。明景泰初因舊址增建，成化、嘉靖中屢修。本朝康熙二十五年增築新城，周二里有奇，乾隆十八年修。	卷227，11062頁。
孝義廳	陝西統部西安府	屬廳	孝義廳城，周二里有奇，門四。嘉慶八年建。	卷227，11061頁。
寧陝廳	陝西統部西安府	屬廳	寧陝廳城，周五百六丈九尺，門三，東臨長安河，爲水關二，築石堤二百二十七丈有奇，以資捍衛。嘉慶十七年建。	卷227，11061頁。

延安府

城池名稱	所屬	城池等級	原文	資料出處
延安府	陝西統部	府	延安府城，周九里有奇，門四，池深二丈。明弘治初因唐舊制增建，本朝順治十二年重建，康熙十八年修，乾隆元年、二十八年、二十九年、五十二年、嘉慶元年屢修。膚施縣附郭。	卷233，11529頁。
安塞縣	陝西統部延安府	縣	安塞縣城，周三里有奇，門三，池深一丈。元初建，明時屢修。本朝乾隆三十五年因舊城屢被水患，增建新城，周一里有奇，五十六年重修。	卷233，11529頁。

续表

甘泉縣	陝西統部延安府	縣	甘泉縣城，周五里有奇，門三，池深一丈。唐天寶中建，明景泰中增築，本朝乾隆二十八年修。	卷 233，11530 頁。
安定縣	陝西統部延安府	縣	安定縣城，周五里有奇，門四，池深一丈。明初建。相連有東關城，成化中建。本朝康熙十九年、乾隆三十一年重修。	卷 233，11530 頁。
保安縣	陝西統部延安府	縣	保安縣城，周九里有奇，門四，池深一丈。明初因元舊址增建，本朝順治中修。	卷 233，11530 頁。
宜川縣	陝西統部延安府	縣	宜川縣城，周四里有奇，門四，東北有池，深三丈。宋建，明正統中修，本朝順治四年增築，乾隆三十一年重修。	卷 233，11530 頁。
延川縣	陝西統部延安府	縣	延川縣城，周四里有奇，門三。明正統中因元舊址築，本朝順治十五年、乾隆二十三年修。	卷 233，11530 頁。
延長縣	陝西統部延安府	縣	延長縣城，周四里有奇，門二，南有池，深一丈。金大定中建，明嘉靖初增修，本朝乾隆三十二年重修。	卷 233，11530 頁。
定邊縣	陝西統部延安府	縣	定邊縣城，即舊定邊營，周四里有奇，門二。明正統二年建，本朝乾隆十二年修。	卷 233，11530 頁。

续表

靖邊縣	陝西統部延安府	縣	靖邊縣城，唐爲兀剌城，明景泰四年改築新城，成化中改置靖邊營，周六里有奇，門二，東、西、北皆深溝，後又增築南關城及新軍家丁兩營，連環共四城。本朝乾隆三十一年、嘉慶四年重修。	卷233，11530頁。

鳳翔府

城池名稱	所屬	城池等級	原文	資料出處
鳳翔府	陝西統部	府	鳳翔府城，周十二里有奇，門四，池廣三丈。唐末建，明景泰、正德、萬曆間屢修，本朝乾隆十七年重修。鳳翔縣附郭。	卷235，11622頁。
岐山縣	陝西統部鳳翔府	縣	岐山縣城，周五里有奇，門二，池廣三丈。元至元間因唐舊址築，明景泰、嘉靖、萬曆間屢修，本朝順治十四年、乾隆十八年、四十四年屢修。	卷235，11622頁。
寶鷄縣	陝西統部鳳翔府	縣	寶鷄縣城，周二里七分，門三，池廣一丈七尺。唐至德中建，明景泰初拓修，本朝乾隆二十八年重修。	卷235，11622頁。
扶風縣	陝西統部鳳翔府	縣	扶風縣城，周四里，門七，西、北依山，東、南因湋水爲池。明景泰元年土築，崇禎十一年甃磚，本朝順治十七年、康熙五十三年、乾隆十七年、嘉慶二十年屢修。	卷235，11622頁。

续表

郿縣	陝西統部鳳翔府	縣	郿縣城，周三里，門三，城外有池。元至大元年土築，明萬曆初甃磚，本朝順治中修，乾隆二十七年重修。	卷235，11623頁。
麟游縣	陝西統部鳳翔府	縣	麟游縣城，周三里，門三。明景泰元年因舊址建。天順中增築外城，因山爲險，周九里有奇。本朝順治中修，乾隆三十一年重修。	卷235，11623頁。
汧陽縣	陝西統部鳳翔府	縣	汧陽縣城，周三里有奇，門四，池廣一丈五尺。明嘉靖中建，本朝雍正七年修。	卷235，11623頁。
隴州	陝西統部鳳翔府	屬州	隴州城，周五里有奇，門四，池廣一丈五尺。明景泰初築因舊址改建，本朝順治十七年修，乾隆二十年重修。	卷235，11623頁。

漢中府

城池名稱	所屬	城池等級	原文	資料出處
漢中府	陝西統部	府	漢中府城，周九里有奇，門四，池廣十丈。宋嘉定十三年建，本朝順治十三年、康熙二十七年、乾隆三十年修，嘉慶十九年重修。南鄭縣附郭。	卷237，11742頁。

续表

褒城縣	陝西統部漢中府	縣	褒城縣城，周三里有奇，門四，池深七尺。明弘治十二年土築，正德四年甃磚，本朝康熙二十六年修，乾隆十二年重修。	卷 237，11742 頁。
城固縣	陝西統部漢中府	縣	城固縣城，周七里有奇，門四，池廣二丈。明正德七年因宋舊址改建，本朝康熙四十六年修，乾隆十四年重修。	卷 237，11742 頁。
洋縣	陝西統部漢中府	縣	洋縣城，周七里有奇，門五，池廣三丈。宋熙寧中土築，崇禎中甃石，本朝順治九年、康熙二十七年、乾隆三十一年、嘉慶十四年屢修。	卷 237，11742 頁。
西鄉縣	陝西統部漢中府	縣	西鄉縣城，周六里有奇，門四。元末土築，明正德中增築東關新城，嘉靖初甃磚，池廣三丈，本朝順治七年修，康熙五十五年、乾隆十三年、嘉慶二十四年屢修。	卷 237，11742 頁。
鳳縣	陝西統部漢中府	縣	鳳縣城，周四里有奇，門三。元至正二十八年土築，明嘉靖中甃磚，本朝順治十一年、乾隆三十年、五十六年屢修。	卷 237，11742 頁。
寧羌州	陝西統部漢中府	屬州	寧羌州城，周四里有奇，門四，因河爲池。明洪武二十九年建，成化二十三年增建，本朝雍正八年、乾隆二十四年修，嘉慶十八年重修。	卷 237，11742 頁。

续表

沔縣	陝西統部漢中府	縣	沔陽城，周三里有奇，門三，池深一丈。明洪武四年土築，萬曆元年甃磚，本朝順治十二年、康熙三年、乾隆三十年修，嘉慶二十一年重修。	卷237，11743頁。
略陽縣	陝西統部漢中府	縣	略陽縣城，周五里，門四。明正德六年土築，八年甃磚，本朝順治十一年、康熙二十四年、乾隆三十一年修，嘉慶二十三年重修。	卷237，11743頁。
定邊廳	陝西統部漢中府	屬廳	定邊廳城，周二里，門四，池深一丈。嘉慶九年建，二十四年修。	卷237，11743頁。
留壩廳	陝西統部漢中府	屬廳	周一里有奇，門二。嘉慶十二年建。	卷237，11743頁。

榆林府

城池名稱	所屬	城池等級	原文	資料出處
榆林府	陝西統部	府	榆林府城，即舊衛城，周十三里三百餘步，門七，西南臨河。明正統初創築，成化九年增築北城，弘治五年拓南城，嘉靖、隆慶、萬曆中相繼甃磚。南關外有外城，正德十年建。西門外又有羅城七里，隆慶元年建。本朝乾隆十四年重修。榆林縣附郭。	卷239，11903頁。

续表

懷遠縣	陝西統部榆林府	縣	懷遠縣城，即舊堡城，周三里有奇，門三。明天順中建，本朝乾隆二十三年重修。	卷239，11903頁。
葭州	陝西統部榆林府	屬州	葭州城，分内外二城，内城門二，外城門三，周三里有奇。明洪武初因金元舊址建。内城北郭，隆慶間增建；南郭，本朝順治十五年建。康熙十六年、乾隆三十二年重修。	卷239，11903頁。
神木縣	陝西統部榆林府	縣	神木縣城，周四里有奇，門四，池深一丈。明正統八年土築，萬曆六年甃磚，本朝雍正四年、乾隆十一年重修。	卷239，11903頁。
府谷縣	陝西統部榆林府	縣	府谷縣城，周五里有奇，門六。因河爲池，明正統中因舊址拓建，本朝乾隆十一年、四十六年重修。	卷239，11904頁。

興安府

城池名稱	所屬	城池等級	原文	資料出處
興安府	陝西統部	府	興安府城，舊城，周六里有奇，北臨漢江。明洪武初因金州城舊址築。萬曆十一年圮於水，十二年築新城於南原，北依趙臺山，崇禎末毀。本朝順治初移治舊城，康熙四十五年圮。四十六年仍建新城於趙臺山下，在舊城南三里，周七百三十三丈。乾隆三十一年修，嘉慶二十一年重修。安康縣附郭。	卷241，11995頁。

续表

平利縣	陝西統部興安府	縣	平利縣城，舊城，周四里有奇，西南阻水，東北倚山。明隆慶初改築。本朝雍正六年，西南城圮於水，重築。嘉慶七年移治白土關，建城周五百四十八丈有奇，門三。八年，復建套城，長一里有奇。	卷 241，11995 頁。
洵陽縣	陝西統部興安府	縣	洵陽縣城，因山爲城，周三里有奇，門三，背環洵水，面臨漢江。	卷 241，11996 頁。
白河縣	陝西統部興安府	縣	白河縣城，舊城，周三里有奇。明成化十二年築，崇禎末毁。本朝康熙二十六年改築，周半里許，高七丈餘，門三。乾隆二十三年修。嘉慶二年增築外城一千二百九十七丈。	卷 241，11996 頁。
紫陽縣	陝西統部興安府	縣	紫陽縣城，舊城，周六百四十丈，門三。明嘉靖三十五年築，崇禎末毁。本朝順治七年就南隅拓建，周五百十步，門三。康熙二十五年、乾隆三十六年重修。	卷 241，11996 頁。
石泉縣	陝西統部興安府	縣	石泉縣城，周三里，門四，池深一丈有奇。明正德四年築，本朝乾隆三十七年修。	卷 241，11996 頁。
漢陰廳	陝西統部興安府	屬廳	漢陰廳城，即舊漢陰縣城，周四里，門三，池深一丈。明成化初土築，正德初甃磚，崇禎十四年增高，培築裏城。本朝康熙二十五年甃磚，乾隆三十二年修。	卷 241，11996 頁。

同州府

城池名稱	所屬	城池等級	原文	資料出處
同州府	陝西統部	府	同州府城，周九里有奇，門四，池深丈餘。明嘉靖中因秦舊址建，本朝乾隆十八年修。大荔縣附郭。	卷243，12078頁。
朝邑縣	陝西統部同州府	縣	朝邑縣城，周四里，門五，池深一丈。明景泰二年土築，嘉靖中拓建，本朝順治十七年、康熙六年、乾隆十七年屢修。	卷243，12078頁。
郃陽縣	陝西統部同州府	縣	郃陽縣城，周八里有奇，門四，池深二丈。明正統十四年土築，隆慶二年甃磚，本朝康熙三年修，乾隆二十八年重修。	卷243，12078頁。
澄城縣	陝西統部同州府	縣	澄城縣城，周三里有奇，門四，水門一，池深一丈三尺。後魏時建，明時屢修，本朝順治五年因舊址拓建，乾隆三十一年修。	卷243，12078頁。
韓城縣	陝西統部同州府	縣	韓城縣城，周三里有奇，門四，池深二丈。金大定四年建，明時屢修，本朝雍正七年修，乾隆三十一年重修。	卷243，12078頁。
華州	陝西統部同州府	屬州	華州城，周七里有奇，門四，池深一丈五尺。唐永泰元年建，明萬曆五年增築，本朝乾隆九年、五十年重修。	卷243，12078頁。

续表

華陰縣	陝西統部同州府	縣	華陰縣城，周二里有奇，門四，池深八尺。元至正十八年建，明萬曆五年拓建，本朝乾隆十二年修。	卷243，12079頁。
蒲城縣	陝西統部同州府	縣	蒲城縣城，周九里，門四，池廣三丈。西魏時建，明嘉靖中修，本朝順治七年修，乾隆二十八年重修。	卷243，12079頁。
白水縣	陝西統部同州府	縣	白水縣城，周四里，門五，池廣二丈。明洪武三年因唐舊址建，嘉靖中修，本朝順治三年、乾隆十九年、三十二年屢修。	卷243，12079頁。
潼關廳	陝西統部同州府	屬廳	潼關廳城，周十一里有奇，門六，北臨黃河。即唐關城舊址，宋熙寧中拓建，明時屢修，本朝康熙二十四年、乾隆八年、五十五年屢修。	卷243，12079頁。

商州

城池名稱	所屬	城池等級	原文	資料出處
商州	陝西統部	直隸州	商州城，周五里有奇，門四，南近丹江，東、西、北三面有池，深二丈。元至元中因舊址築，明成化、嘉靖間甃磚，本朝順治二年修，乾隆三十一年重修。	卷246，12266頁。

续表

鎮安縣	陝西統部商州	縣	鎮安縣城，周四里有奇，門三，北倚山，池深八丈。明景泰三年土築，正德四年甃磚，本朝乾隆十七年、三十一年、嘉慶二十一年屢修。	卷246，12266頁。
雒南縣	陝西統部商州	縣	雒南縣城，周三里有奇，門三，北近山，南臨水，池深一丈。金興定二年土築，明嘉靖十三年甃磚，本朝康熙元年、五十三年修，乾隆三十二年重修。	卷246，12266頁。
山陽縣	陝西統部商州	縣	山陽縣城，周二里有奇，門三，池廣一丈。明成化十二年築，正德中甃磚，本朝雍正六年修，乾隆三十一年重修。	卷246，12267頁。
商南縣	陝西統部商州	縣	商南縣城，周三里，門四，池廣一丈。明成化十三年築，萬曆七年甃磚，本朝康熙三十四年、乾隆十三年屢修。	卷246，12267頁。

乾州

城池名稱	所屬	城池等級	原文	資料出處
乾州	陝西統部	直隸州	乾州城，周十里，池深二丈，廣三丈。本唐時羅城，明萬曆初甃磚，本朝乾隆二十九年、嘉慶二十五年重修。	卷247，12331頁。

续表

武功縣	陝西統部乾州	縣	武功縣城，周三里有奇，門四，池深八尺。唐貞元十五年建，明洪武九年修，本朝康熙二十五年、乾隆十七年重修。	卷 247，12331 頁。
永壽縣	陝西統部乾州	縣	永壽縣城，舊城，周五里。元至正四年建於麻亭鎮，明末毁，因結寨於虎頭山下。本朝順治十三年築寨下南關，康熙八年建城，周三里，門二，池深一丈，乾隆十八年、五十四年重修。	卷 247，12331 頁。

邠州

城池名稱	所屬	城池等級	原文	資料出處
邠州	陝西統部	直隸州	邠州城，周九里有奇，門四。城南又有山城，與州城相連，周五里，環二城俱有池，深二丈。元末因唐舊址建，明時屢修，本朝乾隆二十八年修。	卷 248，12379 頁。
三水縣	陝西統部邠州	縣	三水縣城，周五里有奇，門四，池廣二丈五尺，西北枕山，東南臨溪。明成化十四年建，本朝康熙九年、乾隆二十九年屢修。	卷 248，12379 頁。
淳化縣	陝西統部邠州	縣	淳化縣城，周四里有奇，門三，池深一丈，廣五尺。宋淳化四年建，明嘉靖九年修，本朝順治五年、康熙三十九年、乾隆二十九年屢修。	卷 248，12379 頁。

续表

長武縣	陝西統部邠州	縣	長武縣城，周五里，門五，東、南有池，深二丈。明萬曆中因唐舊址建，本朝乾隆二十二年、三十年、五十一年屢修。	卷 248，12379 頁。

鄜州

城池名稱	所屬	城池等級	原文	資料出處
鄜州	陝西統部	直隸州	鄜州城，有內、外二城，內城周二里有奇，門三；外城周八里有奇，門四，西阻龜山，東濱洛水，池廣二丈。明成化中因元舊址建。嘉靖中爲洛水所圮，磚甃修葺，外城稍移於內。本朝順治十八年、乾隆十一年、嘉慶元年屢修。	卷 249，12427 頁。
洛川縣	陝西統部鄜州	縣	洛川縣城，舊城，緣山阻澗，元建。又東關城，周三里有奇，門三，池廣二丈，明正德初建。本朝乾隆三十一年因瀕臨深溝，基址屢圮，移治於鳳棲堡，建城周二里有奇，門三。	卷 249，12427 頁。
中部縣	陝西統部鄜州	縣	中部縣城，周四里有奇，門三，因沮水爲池，有石堤二道。明成化中改建，萬曆初增築南關城，崇禎初又增築北關城。本朝順治十二年、康熙二年、乾隆三十三年屢修。	卷 249，12427 頁。

续表

宜君縣	陝西統部鄜州	縣	宜君縣城，周五里有奇，門二，池深一丈。明景泰中建，本朝康熙十七年修，乾隆三十三年甃石重修。	卷249，12428頁。

綏德州

城池名稱	所屬	城池等級	原文	資料出處
綏德州	陝西統部	直隸州	綏德州城，周八里有奇，門四，池深一丈五尺。明洪武中因舊址建。又南關城，周六里有奇，門四，北通大城，明建文中建。本朝順治十六年、乾隆三十年重修。	卷250，12481頁。
米脂縣	陝西統部綏德州	縣	米脂縣城，周五里有奇，門三，池廣七尺，深一丈。明洪武六年因宋舊址建，本朝康熙二十年、乾隆二十四年重修。	卷250，12481頁。
清澗縣	陝西統部綏德州	縣	清澗縣城，周三里有奇，門三，池深二丈。宋康定元年建，明洪武中增築，本朝順治中修，乾隆十五年重修。	卷250，12481頁。
吳堡縣	陝西統部綏德州	縣	吳堡縣城，周二里有奇，門四，以河爲池。明正統中因元舊址建，嘉靖、萬曆中屢修，本朝乾隆三十二年修。	卷250，12481頁。

甘肅統部

蘭州府

城池名稱	所屬	城池等級	原文	資料出處
蘭州府	甘肅統部	府	蘭州府城，周六里有奇，門四，濠深二丈，北面臨河，明初因故址增築。本朝康熙六年設爲省會，乾隆三年大修，四十七年添修，嘉慶十七年補修，又於十九年拆修，二十二年補修。自城西北至城東，明宣德中築外郭城十四里有奇，正統十二年又築東門外郭城七百九十餘丈，爲門九，萬曆八年磚甃，本朝乾隆五十四年修。臯蘭縣附郭。	卷 252，12633 頁。
金縣	甘肅統部蘭州府	縣	金縣城，周三里有奇，門二，濠深一丈五尺。明初因舊址修築，本朝康熙二十四年修，乾隆三十二年重修。	卷 252，12633 頁。
狄道州	甘肅統部蘭州府	屬州	狄道州城，周九里有奇，門四，濠廣二丈。明洪武三年因故址增築，本朝乾隆二十五年修。	卷 252，12633 頁。

续表

渭源縣	甘肅統部蘭州府	縣	渭源縣城，周三里有奇，門二，濠深一丈。宋時故址，明嘉靖十八年修，本朝康熙二十五年重修，乾隆三十二年補修。	卷252，12633頁。
靖遠縣	甘肅統部蘭州府	縣	靖遠縣城，周六里有奇，門二，濠深三丈。明正統二年，即古會州城舊址重築，本朝乾隆二十五年修，五十一年重修。	卷252，12633頁。
河州	甘肅統部蘭州府	屬州	河州城，周九里有奇，門三，濠廣三丈。明洪武十二年因舊城改築。隆慶元年建南郭城，周三里有奇，門一。本朝康熙四十四年修，乾隆二十五年重修。	卷252，12633頁。

鞏昌府

城池名稱	所屬	城池等級	原文	資料出處
鞏昌府	甘肅統部	府	鞏昌府城，周九里有奇，門四，濠廣三丈。宋元舊址，明正德初增築外郭東、西、北三面，本朝乾隆三十二年重修。隴西縣附郭。	卷255，12764頁。
安定縣	甘肅統部鞏昌府	縣	安定縣城，周三里有奇，門四，濠深二丈。宋紹聖二年建，本朝乾隆十三年修，三十二年重修，嘉慶十七年補修，十八年復修。	卷255，12764頁。

续表

會寧縣	甘肅統部鞏昌府	縣	會寧縣城，周四里，門四，池廣二丈。明洪武二年築，本朝乾隆十三年修，二十七年重修。	卷255，12764頁。
通渭縣	甘肅統部鞏昌府	縣	通渭縣城，舊城在東、西二河之間。明洪武三年築，周三里，門三。本朝康熙五十七年地震，城圮，雍正八年移治故安定監城，乾隆十三年復還舊治，三十一年重修，嘉慶十四年復修。	卷255，12764頁。
漳縣	甘肅統部鞏昌府	縣	漳縣城，周一里，門三，外有重濠。明正統中築。	卷255，12765頁。
寧遠縣	甘肅統部鞏昌府	縣	寧遠縣城，周四里，門四，濠深一丈。明洪武初築，本朝乾隆三十一年重修。	卷255，12765頁。
伏羌縣	甘肅統部鞏昌府	縣	伏羌縣城，周四里有奇，門四，濠深一丈。明永樂初因舊增築，本朝乾隆三十一年修。	卷255，12765頁。
西和縣	甘肅統部鞏昌府	縣	西和縣城，舊在南山上，名十二連城。明初改建山下，周四里，門二。明末復遷山上，本朝康熙四十三年仍移治山下。乾隆五十四年修。	卷255，12765頁。
岷州	甘肅統部鞏昌府	屬州	岷州城，周九里三分，門四，濠深二丈。明洪武十一年築，弘治十一年增修瓮城，隆慶二年展築北城，萬曆九年重修。	卷255，12765頁。

续表

洮州廳	甘肅統部鞏昌府	屬廳	洮州廳城，周九里，門四，濠深一丈二尺。明洪武二年築，本朝乾隆五十五年重修。	卷255，12765頁。

平涼府

城池名稱	所屬	城池等級	原文	資料出處
平涼府	甘肅統部	府	平涼府城，周九里三十步，門四，濠深四尺。唐舊址，明洪武六年修築，本朝康熙八年修，乾隆十九年及二十四年兩次補修。平涼縣附郭。	卷258，12865頁。
華亭縣	甘肅統部平涼府	縣	華亭縣城，周四里五分，門三，濠深一丈五尺。金大定中築，本朝順治初重築新城，十二年復增修，康熙五十五年、乾隆三十二年兩次重修，嘉慶十七年補修。	卷255，12765頁。
固原州	甘肅統部平涼府	屬州	固原州城，周九里三分，門三。宋鎮戎軍故址，明景泰初重築。弘治中增築外城，周十三里七分，門四，濠深廣各二丈。本朝康熙四十九年修，乾隆二十五年、嘉慶十五年屢修。	卷255，12765頁。
靜寧州	甘肅統部平涼府	屬州	靜寧州城，周五里一分，門三，濠深一丈八尺。本朝順治十年因舊址改築，雍正二年修，乾隆二十五年復修。	卷255，12765頁。

续表

隆德縣	甘肅統部平凉府	縣	隆德縣城，周五里三分，門三，濠深八尺。明洪武二年因舊址修築，本朝順治十七年修，乾隆二十九年補修。	卷255，12765頁。

慶陽府

城池名稱	所屬	城池等級	原文	資料出處
慶陽府	甘肅統部	府	慶陽府城，周七里十三步，因原阜之勢而成，其形似鳳，謂之鳳凰城，門四，四面有濠。明成化初增築南關瓮城，周三里。本朝順治十五年修，乾隆三十三年重修。安化縣附郭。	卷261，12971頁。
合水縣	甘肅統部慶陽府	縣	合水縣城，周三里一百八十步，門二，濠廣三丈三尺。宋熙寧中築，明末毁，本朝順治十四年修，雍正年間添建城樓，乾隆三十三年重修，嘉慶三年補修。	卷261，12971頁。
環縣	甘肅統部慶陽府	縣	環縣城，周五里三百五十步，門三，濠深二丈。元末築，本朝乾隆二十五年修。	卷261，12971頁。
正寧縣	甘肅統部慶陽府	縣	正寧縣城，周二里二十六步，門三，濠深一丈五尺。元至正中因舊址重築，本朝乾隆三十三年修。	卷261，12971頁。

续表

寧州	甘肅統部慶陽府	屬州	寧州城，周三里四十步，南關城周二里，門四，阻河爲池。五代梁龍德初築，明崇禎末毁，本朝順治五年修，乾隆三十二年重修。	卷261，12971頁。

寧夏府

城池名稱	所屬	城池等級	原文	資料出處
寧夏府	甘肅統部	府	寧夏府城，周十五里有奇，東西長倍於南北，門六，濠深七尺。本西夏故址，元末弃其西半。明正統中復築，本朝順治、康熙間屢修。乾隆三年圮，五年復築。又滿城在府城西十五里，周七里有奇，門四，濠廣六丈。乾隆四年築，設將軍及八旗兵駐防，四十六年、五十年屢修。舊滿城，在城東北二里，周六里有奇，雍正元年創築，乾隆三年圮，因移建。寧夏、寧朔二縣附郭。	卷264，13053頁。
平羅縣	甘肅統部寧夏府	縣	平羅縣城，周四里有奇，南、北二門。明永樂初築，至萬曆三年甃磚，本朝乾隆三年圮，四年復築。	卷264，13053頁。
靈州	甘肅統部寧夏府	屬州	靈州城，舊在黄河南，明洪武中移築河北，宣德中移築河東北隅，周七里八分。萬曆五年甃磚，門四。本朝乾隆五年修。	卷264，13053頁。

续表

中衛縣	甘肅統部寧夏府	縣	中衛縣城，周五里有奇，東、西、南三門，濠深一丈。明正統、天順間因舊址展築，本朝康熙四十八年圮，乾隆五年復築。	卷 264，13053 頁。

甘州府

城池名稱	所屬	城池等級	原文	資料出處
甘州府	甘肅統部	府	甘州府城，周十二里有奇，門四，濠廣三丈七尺。明洪武二十五年因舊修築，本朝乾隆二十九年重修。張掖縣附郭。	卷 266，13135 頁。
山丹縣	甘肅統部甘州府	縣	山丹縣城，周七里有奇，門四，濠廣二丈五尺。明洪武二十四年築，本朝乾隆二十五年修，高三丈五尺。	卷 266，13135 頁。

凉州府

城池名稱	所屬	城池等級	原文	資料出處
凉州府	甘肅統部	府	凉州府城，周十一里有奇，門四，濠廣六丈八尺。明洪武十年因舊改築，萬曆中甃磚，增築東關城周里許。本朝乾隆三十一年修。又滿城，乾隆二年建築。武威縣附郭。	卷 267，13187 頁。

续表

鎮番縣	甘肅統部涼州府	縣	鎮番縣城，周七里有奇，門三，濠廣三丈。明成化初、萬曆三年甃磚築，本朝康熙元年修。	卷267，13187頁。
永昌縣	甘肅統部涼州府	縣	永昌縣城，周七里有奇，門四，濠廣二丈三尺。明洪武二十四年因舊改築，本朝乾隆二十九年修，嘉慶九年復修。	卷267，13187頁。
古浪縣	甘肅統部涼州府	縣	古浪縣城，周二里七十五步，門二，東南倚山，西北有濠。明正統中因舊修築，本朝乾隆二十九年增築，周四里有奇，嘉慶八年重修。	卷267，13187頁。
平番縣	甘肅統部涼州府	縣	平番縣城，周八里有奇，門三。元至元初築，明洪武十年重築甃磚，至本朝乾隆二十四年修。	卷267，13187頁。

西寧府

城池名稱	所屬	城池等級	原文	資料出處
西寧府	甘肅統部	府	西寧府城，周八里有奇，門四，濠深一丈，廣二丈五尺，東關外有郭，周里許，門三。明洪武十九年因舊改築，本朝康熙四十八年修，雍正十一年、乾隆三十一年重修。西寧縣附郭。	卷269，13270頁。

续表

碾伯縣	甘肅統部西寧府	縣	碾伯縣城，即舊碾伯堡，明初築，周三里有奇，門三，濠廣二丈五尺。本朝乾隆二十九年，因舊址復築。	卷269，13270頁。
大通縣	甘肅統部西寧府	縣	大通縣城，周五百五十八丈，門二。本朝雍正三年築，乾隆三十一年修。	卷269，13270頁。

鎮西府

城池名稱	所屬	城池等級	原文	資料出處
鎮西府	甘肅統部	府	府城，周八里，高二丈，四門，雍正九年築爲巴爾庫勒城，乾隆三十八年改爲鎮西府城，嘉慶十一年修城。東有會寧城，周六里，爲滿洲兵弁駐防之所。	卷271，13323頁。
奇臺縣	甘肅統部鎮西府	縣	奇臺縣城，乾隆二十四年於奇臺設堡，四十一年改設爲縣，始築城，周二里有奇。又孚遠城，周四里，爲滿洲兵駐防之所。	卷271，13323頁。

涇州

城池名稱	所屬	城池等級	原文	資料出處
涇州	甘肅統部	直隸州	涇州城，周三里，門三，濠深一丈。明洪武三年因舊址改築，本朝雍正三年修，乾隆二十九年重修。	卷272，13343頁。
崇信縣	甘肅統部涇州	縣	崇信縣城，周三里一百九十八步，門二，四面有隍。唐始築，明末截錦屏山麓展築城之南面，本朝順治中修，乾隆三十四年重修。	卷272，13343頁。
靈臺縣	甘肅統部涇州	縣	靈臺縣城，周二里二百六十五步，門二，濠深廣各八尺。明季因舊址重築，本朝順治十年修，乾隆三十三年增修。	卷272，13343頁。
鎮原縣	甘肅統部涇州	縣	鎮原縣城，周七里二百四十步，門三，濠深七尺。元至正二十年築，明萬曆間南城被水沖圮，本朝康熙初年正街南築新城，乾隆二十二年重修。	卷272，13343頁。

秦州

城池名稱	所屬	城池等級	原文	資料出處
秦州	甘肅統部	直隸州	秦州城，舊有東西二城，明洪武初因西城址築大城，周四里有奇，門四，濠深一丈二尺；大城之東爲東關城，門二；大城之西爲中城，門二；又西爲西關城，城形如鐘，門四；又西爲小西關，亦曰伏羲城，門二。四城皆與大城連屬，本朝順治十一年俱重築，乾隆三十二年修門三，惟北城無門。	卷274，13405頁。
秦安縣	甘肅統部秦州	縣	秦安縣城，周三里有奇，門二，濠廣三丈。金皇統間建，本朝乾隆三十四年修，嘉慶六年重修。	卷274，13406頁。
清水縣	甘肅統部秦州	縣	清水縣城，周四里有奇，門二。明洪武四年築，弘治中又築東、西二郭，濠深一丈，本朝康熙二十四年修。	卷274，13406頁。
禮縣	甘肅統部秦州	縣	禮縣城，明洪武初築土城，成化九年展築西偏，共周三里有奇，門四，濠深六尺。	卷274，13406頁。
徽縣	甘肅統部秦州	縣	徽縣城，周四里有奇，門四，濠深一丈。明初因舊址增築，本朝康熙九年、二十四年修，乾隆三十二年、五十二年重修。	卷274，13406頁。

续表

兩當縣	甘肅統部秦州	縣	兩當縣城，周三里，門四，濠深一丈五尺。明洪武初築，隆慶間展其址，本朝康熙四十四年修，乾隆三十四年重修。	卷 274，13406 頁。

階州

城池名稱	所屬	城池等級	原文	資料出處
階州	甘肅統部	直隸州	階州城，周二里，門四，濠深八尺。明洪武五年築。隆慶中復建土城於西，謂之西關城，周三里，濠深五尺。本朝康熙三十八年重修。	卷 276，13503 頁。
文縣	甘肅統部階州	縣	文縣城，周三里有奇，門四。明洪武二十八年於舊城東建千戶所城，成化初復建縣城於所城西，周二里有奇，門三。又營城建在縣城之西，中隔一河，雉堞相望。	卷 276，13504 頁。
成縣	甘肅統部階州	縣	成縣城，舊城周三里有奇，門四。明洪武五年修築，崇禎九年移縣治於城之西北隅，以東南面之舊城爲外郭，俗謂爲上城。本朝康熙年間仍移治舊城中，乾隆三十四年修。	卷 276，13504 頁。

肅州

城池名稱	所屬	城池等級	原文	資料出處
肅州	甘肅統部	直隸州	肅州城，周八里有奇，東、南、北三門，環以濠，廣八丈三尺。明洪武二十八年因舊改築。成化二年增築東關廂城，東西二里，南北一里有奇，亦環以濠。本朝乾隆三十一年修。	卷 278，13560 頁。
高臺縣	甘肅統部肅州	縣	高臺縣城，周四里，門三，濠廣一丈五尺。本朝乾隆二十九年重修。	卷 278，13560 頁。

安西州

城池名稱	所屬	城池等級	原文	資料出處
安西州	甘肅統部	直隸州	安西州城，周六里七分，門四，濠廣七尺。本朝雍正六年築，乾隆三十三年移建舊治南三里，三十九年以新城繞道乏水，仍修復舊城。	卷 279，13601 頁。
敦煌縣	甘肅統部安西州	縣	敦煌縣城，周三里三分，東、西、南三門，濠深七尺。本朝雍正三年建，乾隆七年於東、南、北三面加築外郭，周五里七分，東、南、北及西南共四門。三十一年重修。	卷 279，13601 頁。

续表

玉門縣	甘肅統部安西州	縣	玉門縣城，周二里三分，南北三門。本朝康熙五十六年因舊城改築，乾隆三十一年修。	卷 279，13601 頁。

迪化州

城池名稱	所屬	城池等級	原文	資料出處
迪化州	甘肅統部	直隸州	迪化州城，乾隆三十八年建，名鞏寧城，周九里，門四，東曰承曦、西曰宜穡、南曰執同、北曰樞正。四十八年修，嘉慶八年重修。又迪化漢城，乾隆三十年建。	卷 280，13649 頁。
昌吉縣	甘肅統部迪化州	縣	昌吉縣城，乾隆二十七年建，名寧邊城，周三里，三十八年爲縣治，門四，東曰文同、西曰武定、南曰諧邇、北曰燮遐，五十六年修。	卷 280，13649 頁。
阜康縣	甘肅統部迪化州	縣	阜康縣城，乾隆二十七年建，四十一年爲縣治，周三里，門四，東曰綏惠、西曰振武、南曰麗陽、北曰安朔。	卷 280，13649 頁。
綏來縣	甘肅統部迪化州	縣	綏來縣城，本朝乾隆四十二年建，左右二城，左爲綏寧城，周三里，門四，東曰迎曦、西曰兆成、南曰來薰、北曰安漠；右爲康吉城，周三里，門四，東曰延旭、西曰慶豊、南曰麗端、北曰鞏遐。	卷 280，13649 頁。

浙江統部

杭州府

城池名稱	所屬	城池等級	原文	資料出處
杭州府	浙江統部	府	杭州府城，周三十五里有奇，西南屬錢塘縣治，東北屬仁和縣治，門十，東南曰候潮、曰望江，正東曰清泰，南曰鳳山，皆近江；正西曰涌金，西南曰清波，西北曰錢塘，皆近湖；北曰武林，東北曰慶春、曰艮山；又水門四。其濠東起永昌壩，並清泰至慶春門，長一千丈九尺；自慶春歷艮山、武林，至錢塘門長二千六百二十三丈。隋創，元末改築，明代累修，本朝康熙二十四年、雍正五年重修，乾隆年間屢修。又順治七年，增築滿洲駐防營於城内西北隅，周十里，凡五門，乾隆年間修。	卷 283，13778 頁。
海寧州	浙江統部杭州府	屬州	海寧州城，周七里有奇，門五，濠廣五丈，南臨海，無濠。元末因宋址築，本朝雍正五年修，乾隆二十年重修。	卷 283，13778 頁。

续表

富陽縣	浙江統部杭州府	縣	富陽縣城，周六里，門四，環城有濠，東南臨江。明嘉靖中築，本朝康熙、雍正中修，乾隆三十一年重修。	卷283，13778頁。
餘杭縣	浙江統部杭州府	縣	餘杭縣城，周三里有奇，門四，南臨苕溪。明嘉靖中築，本朝雍正六年修，乾隆三十一年重修。	卷283，13779頁。
臨安縣	浙江統部杭州府	縣	臨安縣城，周五里，門四，有濠。唐末吴越依太廟山築，號衣錦城，後圮，明嘉靖中設土垣。	卷283，13779頁。
於潛縣	浙江統部杭州府	縣	於潛縣城，周五里，門三。元末築，有濠。	卷283，13779頁。
新城縣	浙江統部杭州府	縣	新城縣城，周三里，門四。明嘉靖中築，有濠，本朝雍正五年修。	卷283，13779頁。
昌化縣	浙江統部杭州府	縣	昌化縣城，周七里，門三，有濠。元末築，明隆慶中立東、西二關，本朝康熙三十六年修。	卷283，13779頁。

嘉興府

城池名稱	所屬	城池等級	原文	資料出處
嘉興府	浙江統部	府	嘉興府城，周九里有奇，門四，濠南引鴛鴦湖水，西引漕渠會於北門外，廣二十丈。明洪武中築，本朝雍正、乾隆中屢修。	卷 287，14036 頁。
嘉善縣	浙江統部嘉興府	縣	嘉善縣城，周六里有奇，門四，水門五，濠廣六丈。明嘉靖三十二年築，本朝雍正、乾隆中屢修。	卷 287，14037 頁。
海鹽縣	浙江統部嘉興府	縣	海鹽縣城，周九里有奇，門四，水門三，東瀕海，西、南、北三面有濠，廣六丈九尺。明洪武十七年築，本朝雍正、乾隆中屢修。	卷 287，14037 頁。
石門縣	浙江統部嘉興府	縣	石門縣城，周七里有奇，門五，水門五，濠廣三丈有奇。明嘉靖三十四年築，本朝康熙、雍正、乾隆中屢修。	卷 287，14037 頁。
平湖縣	浙江統部嘉興府	縣	平湖縣城，周九里有奇，門五，水門五，濠廣五丈。明嘉靖中築，本朝雍正、乾隆中屢修。	卷 287，14037 頁。
桐鄉縣	浙江統部嘉興府	縣	桐鄉縣城，周五里有奇，門四，水門四，濠廣六丈。明嘉靖三十二年築，本朝雍正、乾隆中屢修。	卷 287，14037 頁。

湖州府

城池名稱	所屬	城池等級	原文	資料出處
湖州府	浙江統部	府	湖州府城，周十三里一百三十八步，門六，濠周其外。元末築，本朝順治十五年修，雍正、乾隆中屢修。	卷289，14164頁。
長興縣	浙江統部湖州府	縣	長興縣城，周五里五十八步，門六，水門二，引箬溪水爲濠，廣七丈。明初築，本朝雍正、乾隆中屢修。	卷289，14164頁。
德清縣	浙江統部湖州府	縣	德清縣城，周四里一百六步，門五，水門六。明嘉靖中重築，本朝雍正、乾隆中屢修。	卷289，14164頁。
武康縣	浙江統部湖州府	縣	武康縣城，縣舊無城，惟累土爲繚垣。本朝雍正中建，乾隆中修。	卷289，14164頁。
安吉縣	浙江統部湖州府	縣	安吉縣城，周六里，門四，瀕大溪，引水爲濠。元末築，本朝雍正、乾隆中屢修。	卷289，14164頁。
孝豐縣	浙江統部湖州府	縣	孝豐縣城，周三里二百七十八步，門四。明萬曆中築，本朝乾隆中修。濠自西跨北，廣三丈，其南溪水環繞，至東門彙爲三公潭。	卷289，14164頁。

寧波府

城池名稱	所屬	城池等級	原文	資料出處
寧波府	浙江統部	府	寧波府城，周十八里，門六，水門二，北面濱江，三面爲濠。唐咸通中創築，本朝雍正、乾隆中屢修。	卷291，14337頁。
慈溪縣	浙江統部寧波府	縣	慈溪縣城，周九里有奇，門七，濠周三面，北半里倚山。明嘉靖三十五年築，本朝順治年間修，乾隆年間增修。	卷291，14337頁。
奉化縣	浙江統部寧波府	縣	奉化縣城，周六里有奇，門四，水門二。明嘉靖三十一年築，本朝康熙、雍正、乾隆中屢修。	卷291，14337頁。
鎮海縣	浙江統部寧波府	縣	鎮海縣城，周九里，門五，北際海，餘三面有濠。明洪武中築，本朝順治、康熙、雍正、乾隆中屢修。	卷291，14337頁。
象山縣	浙江統部寧波府	縣	象山縣城，周五里有奇，門四，水門三。明嘉靖三十一年築，本朝順治、康熙中屢修，乾隆中重建。	卷291，14337頁。
定海縣	浙江統部寧波府	縣	定海縣城，周一千二百十六丈，門四，水門一。本朝康熙二十八年因昌國城故址重築，乾隆中修。	卷291，14337頁。

紹興府

城池名稱	所屬	城池等級	原文	資料出處
紹興府	浙江統部	府	紹興府城，周二十里有奇，門五，水門四。元至正中增築，西南隸山陰，東北隸會稽。城濠在東、南者皆有堤以障湖水，西因渠漕抵江，北引衆水入海。本朝順治、雍正年間屢加修葺，乾隆三十一年重修。	卷 294，14480 頁。
蕭山縣	浙江統部紹興府	縣	蕭山縣城，周五里，門四，水門三，濠廣三丈。明嘉靖三十二年築，本朝順治、雍正年間屢修，乾隆三十一年重修。	卷 294，14480 頁。
諸暨縣	浙江統部紹興府	縣	諸暨縣城，周四里，門四，水門三。明嘉靖中重築，本朝順治十五年修，乾隆三十一年重修。	卷 294，14480 頁。
餘姚縣	浙江統部紹興府	縣	餘姚縣城，周九里，門五，水門二。元末築，四面皆引江爲濠。又有新城，在姚江南岸，亦名江南城，周八里有奇，明嘉靖中築，與舊城隔江相對。本朝順治十五年增修，乾隆三十一年重修。	卷 294，14481 頁。
上虞縣	浙江統部紹興府	縣	上虞縣城，周十三里，門五，水門二。明嘉靖中因元舊址重築，本朝康熙八年修，乾隆三十一年重修。	卷 294，14481 頁。

续表

嵊縣	浙江統部紹興府	縣	嵊縣城，周七里有奇，門四。明嘉靖中築，本朝順治十五年修，乾隆三十一年重修。	卷294，14481頁。
新昌縣	浙江統部紹興府	縣	新昌縣城，周六里，門四，東、西、北三面皆引溪爲池，南面憑山。明嘉靖中築，本朝順治十五年修，乾隆三十一年重修。	卷294，14481頁。

台州府

城池名稱	所屬	城池等級	原文	資料出處
台州府	浙江統部	府	台州府城，周十八里有奇，門五。宋大中祥符間重築，本朝順治、康熙中屢修。	卷297，14773頁。
黄巖縣	浙江統部台州府	縣	黄巖縣城，周七里，門五，明嘉靖中築，東南臨河，西北枕江。本朝順治十五年修，乾隆二十七年重修。	卷297，14773頁。
天台縣	浙江統部台州府	縣	天台縣城，周五里，門四，又四隅各有小門。明嘉靖三十四年因舊址築，本朝乾隆三十一年重修。	卷297，14773頁。

续表

仙居縣	浙江統部台州府	縣	仙居縣城，周十里，門五。明嘉靖三十六年築，本朝順治七年修，乾隆三十一年重修。	卷297，14773頁。
寧海縣	浙江統部台州府	縣	寧海縣城，周七里，門五，城外爲隍。明嘉靖三十一年築。	卷297，14773頁。
太平縣	浙江統部台州府	縣	太平縣城，周四里七十七步，門六，水門二。明嘉靖三十六年築，本朝順治十五年重修。	卷297，14773頁。

金華府

城池名稱	所屬	城池等級	原文	資料出處
金華府	浙江統部	府	金華府城，周九里一百步，門七，南臨大溪，三面環濠。宋時故址，元至正十二年重築，本朝雍正七年修，乾隆三十二年重修。	卷299，14888頁。
蘭溪縣	浙江統部金華府	縣	蘭溪縣城，周二里三百二十三步，門四。明正德八年因舊址築。	卷299，14888頁。

续表

東陽縣	浙江統部金華府	縣	東陽縣城，周一千三百三十五丈，水、陸門各四。明嘉靖三十七年築，本朝順治、康熙中屢修。	卷 299，14888 頁。
義烏縣	浙江統部金華府	縣	義烏縣城，舊周三里有奇。明嘉靖中築石，門四，後增爲七門。	卷 299，14888 頁。
永康縣	浙江統部金華府	縣	永康縣城，無城，明末建東西二門，叠石爲樓，北倚山，南阻水爲固。	卷 299，14888 頁。
武義縣	浙江統部金華府	縣	武義縣城，周十里八步，門五，又小門四。明崇禎十三年築，本朝乾隆三十五年重修。	卷 299，14888 頁。
浦江縣	浙江統部金華府	縣	浦江縣城，周五里一百二十步，門四，又偏門五。明嘉靖三十六年築，本朝乾隆三十五年重修。	卷 299，14888 頁。
湯溪縣	浙江統部金華府	縣	湯溪縣城，周三里，門三。明嘉靖中築，本朝乾隆三十五年重修。	卷 299，14888 頁。

衢州府

城池名稱	所屬	城池等級	原文	資料出處
衢州府	浙江統部	府	衢州府城，周四千五十步，門六，三面浚濠，西阻溪。宋宣和三年築，元至正時增築新城，本朝屢經修葺。	卷301，15014頁。
龍游縣	浙江統部衢州府	縣	龍游縣城，周六里，門四，池廣三丈。明隆慶中築，本朝乾隆年間屢修。	卷301，15014頁。
江山縣	浙江統部衢州府	縣	江山縣城，周五里，門九，左據文溪，右倚西山。明隆慶初築，本朝乾隆三十三年重修。	卷301，15014頁。
常山縣	浙江統部衢州府	縣	常山縣城，周三里，門六，又水門七。明正德七年築，本朝乾隆三十一年重修。	卷301，15014頁。
開化縣	浙江統部衢州府	縣	開化縣城，周二千八丈五尺，門六，水門二。明正德六年土築，天啓三年甃以石，本朝乾隆三十一年重修。	卷301，15014頁。

嚴州府

城池名稱	所屬	城池等級	原文	資料出處
嚴州府	浙江統部	府	嚴州府城，周八里二十三步，門五，東、西、北有濠。明初因舊址改築，本朝康熙、雍正中屢修。	卷 302，15097 頁。
淳安縣	浙江統部嚴州府	縣	淳安縣城，無城，止立四門。	卷 302，15097 頁。
桐廬縣	浙江統部嚴州府	縣	桐廬縣城，無城，止立四門。	卷 302，15097 頁。
遂安縣	浙江統部嚴州府	縣	遂安縣城，周四里一百十六步，門五。明正德八年築，本朝乾隆十年、三十二年重修。	卷 302，15097 頁。
壽昌縣	浙江統部嚴州府	縣	壽昌縣城，周一里二十步，門四，明崇禎十二年築。	卷 302，15097 頁。
分水縣	浙江統部嚴州府	縣	分水縣城，無城，壘石爲四門。	卷 302，15097 頁。

溫州府

城池名稱	所屬	城池等級	原文	資料出處
溫州府	浙江統部	府	溫州府城，周十八里，門七，南臨河，北負江，東、西爲濠。明洪武元年建，本朝順治、康熙中屢修，雍正七年重修。	卷304，15184頁。
瑞安縣	浙江統部溫州府	縣	瑞安縣城，周六里有奇，門五，西倚山臨江，東、南、北有濠，明時改築。	卷304，15185頁。
樂清縣	浙江統部溫州府	縣	樂清縣城，周九里三十步，門六。明嘉靖中建。	卷304，15185頁。
平陽縣	浙江統部溫州府	縣	平陽縣城，周三里一百八十四步，門四，有濠。元至正中重建，本朝康熙時重建東、西城門樓，雍正九年修。	卷304，15185頁。
泰順縣	浙江統部溫州府	縣	泰順縣城，周三里，門四，濠廣六尺。明嘉靖九年建，本朝順治六年增建月城。	卷304，15185頁。

處州府

城池名稱	所屬	城池等級	原文	資料出處
處州府	浙江統部	府	處州府城，周九里有奇，門六。元至元二十七年築，本朝順治十五年增築，康熙、雍正中屢修。	卷 305，15274 頁。
青田縣	浙江統部處州府	縣	青田縣城，周五里有奇，門四，水門五，北倚山，三面臨溪。明嘉靖三十五年築，本朝乾隆三十二年修。	卷 305，15274 頁。
縉雲縣	浙江統部處州府	縣	縉雲縣城，無城，惟東、南、北各有關門。	卷 305，15275 頁。
松陽縣	浙江統部處州府	縣	松陽縣城，無城，北倚山。明嘉靖築墻爲衛，設關門四。	卷 305，15275 頁。
遂昌縣	浙江統部處州府	縣	遂昌縣城，無城，倚山臨關，築短墻爲衛，有關門四。	卷 305，15275 頁。
龍泉縣	浙江統部處州府	縣	龍泉縣城，無城，有關門四。	卷 305，15275 頁。

续表

慶元縣	浙江統部處州府	縣	慶元縣城，周三里，門四，西北水門一。明嘉靖二十五年築。	卷305，15275頁。
雲和縣	浙江統部處州府	縣	雲和縣城，無城，有東、西二關門。	卷305，15275頁。
宣平縣	浙江統部處州府	縣	宣平縣城，無城，有關門四。	卷305，15275頁。
景寧縣	浙江統部處州府	縣	景寧縣城，無城，有關門四。	卷305，15275頁。

玉環廳

城池名稱	所屬	城池等級	原文	資料出處
玉環廳	浙江統部	直隸廳	玉環廳城，周五里，門四，東靖海，西永清，南鎮遠，北安濤。本朝雍正八年建。	卷305，15350頁。

江西統部

南昌府

城池名稱	所屬	城池等級	原文	資料出處
南昌府	江西統部	府	南昌府城，周十一里一百八十步，門七，濠闊十一丈。明初因舊址改築，本朝康熙四年修，雍正七年、乾隆六年、九年、十一年、十九年、四十七年、四十九年、嘉慶十四年重修。南昌、新建二縣附郭。	卷 308，15449 頁。
豐城縣	江西統部南昌府	縣	豐城縣城，周七里二百步，門四，又小門三，南以坪港爲濠，北臨劍水。明正德五年土築，嘉靖中甃磚，本朝康熙元年重修，乾隆十年、二十五年、嘉慶二十三年重修。	卷 308，15449 頁。
進賢縣	江西統部南昌府	縣	進賢縣城，周五里二百六十步，門六。明正德八年土築，嘉靖三十八年甃磚，本朝康熙二年修，乾隆十年重修。	卷 308，15449 頁。

续表

奉新縣	江西統部南昌府	縣	奉新縣城，周四里一百三十步，門四，周圍鑿池。明正德五年因舊址土築，萬曆十一年甃磚，本朝順治十八年修，康熙二年、乾隆二十六年重修。	卷 308，15449 頁。
靖安縣	江西統部南昌府	縣	靖安縣城，周二里二百四十步，門四。明正德六年土築，嘉靖四十三年甃磚，本朝康熙二十八年修，乾隆二十六年重修。	卷 308，15449 頁。
武寧縣	江西統部南昌府	縣	武寧縣城，周四里，門六。明弘治中土築，嘉靖四十四年甃磚，本朝康熙三年修，五十五年、雍正十年、乾隆十一年、十八年重修。	卷 308，15449 頁。
義寧州	江西統部南昌府	屬州	義寧州城，周五里二百步，門四，水門八，北負山，東、南、西三面臨河。明正德六年土築，萬曆中甃石，本朝康熙六年修，乾隆二十四年、嘉慶二十四年重修。	卷 308，15450 頁。

饒州府

城池名稱	所屬	城池等級	原文	資料出處
饒州府	江西統部	府	饒州府城，周九里三十步，門六，負芝山，瞰鄱江，左右環東湖蠙洲，三面阻水，濠深廣丈餘。明初因舊址改築，本朝康熙十七年修，二十二年、乾隆四十三年、嘉慶十九年重修。鄱陽縣附郭。	卷 311，15603 頁。

续表

餘干縣	江西統部饒州府	縣	餘干縣城，周六里二百四十步，門九，水門三，正面及西北瀕水，餘多枕山。明嘉靖四十一年創築，萬曆中重築，本朝順治十六年增建東、西、北三樓，康熙二年修，二十年重修。	卷 311，15603 頁。
樂平縣	江西統部饒州府	縣	樂平縣城，周五里一百八十步，門四。明正德五年創築，本朝康熙十年建四城樓，築壩引洎水以衛城郭，乾隆五十三年修。	卷 311，15604 頁。
浮梁縣	江西統部饒州府	縣	浮梁縣城，周四里有奇，門六，濠廣一丈五尺。元至正中築，明永樂中甃石，嘉靖三十七年更築，本朝康熙三年修，十年、嘉慶十二年重修。	卷 311，15604 頁。
德興縣	江西統部饒州府	縣	德興縣城，周六里二十四步有奇，門六、水門一、水洞七，南、北、東三面依山，西帶河爲濠。明嘉靖四十一年築，本朝順治年間修。	卷 311，15604 頁。
安仁縣	江西統部饒州府	縣	安仁縣城，周七里，門八，西、南、北三面俱臨大河。明正德五年土築，嘉靖五年甃石，四十一年增築。	卷 311，15604 頁。
萬年縣	江西統部饒州府	縣	萬年縣城，周三里二百四十步，門四，濠廣丈餘。明正統七年築，本朝康熙九年修，二十一年重修。	卷 311，15604 頁。

廣信府

城池名稱	所屬	城池等級	原文	資料出處
廣信府	江西統部	府	廣信府城，周九里五十步，門四，濠廣一丈八尺。宋、明以來因舊址修築，本朝屢加修葺。上饒縣附郭。	卷314，15716頁。
玉山縣	江西統部廣信府	縣	玉山縣城，周七里，門四。明嘉靖四十年創築，隆慶、萬歷時改拓，本朝康熙八年修，乾隆十年、五十七年重修，並浚溝建閘。	卷314，15716頁。
弋陽縣	江西統部廣信府	縣	弋陽縣城，周五里八十四步，門四。明嘉靖三十九年築，本朝康熙年間修，乾隆十二年重修。	卷314，15716頁。
貴溪縣	江西統部廣信府	縣	貴溪縣城，周五里三百步，門四。明正德五年築，本朝康熙十九年修，四十五年、乾隆十二年重修。	卷314，15717頁。
鉛山縣	江西統部廣信府	縣	鉛山縣城，周四里七十二步，門五，北瀕河，東、西、南三面爲濠，廣四丈。明洪武九年築，本朝康熙十八年修。	卷314，15717頁。
廣豐縣	江西統部廣信府	縣	廣豐縣城，周五里，門四，濠廣丈餘。明嘉靖四十一年築，本朝康熙四十七年修，乾隆九年重修。	卷314，15717頁。

续表

興安縣	江西統部廣信府	縣	興安縣城，周四里二百八十八步，門七。明嘉靖四十一年築，本朝乾隆二十七年修。	卷 314，15717 頁。

南康府

城池名稱	所屬	城池等級	原文	資料出處
南康府	江西統部	府	南康府城，周五里二十步，門五，東、西、北三面環以濠，廣二丈，南臨湖。宋淳祐中土築，明正德八年改甃磚石，本朝順治九年闢小南門，康熙三年修，乾隆二十二年重修。星子縣附郭。	卷 316，15803 頁。
都昌縣	江西統部南康府	縣	都昌縣城，周九百五丈五尺，門八，四面皆以湖爲池。明嘉靖中創築，本朝康熙二十一年修。	卷 316，15803 頁。
建昌縣	江西統部南康府	縣	建昌縣城，周四里三百二十四步，門四，水門二。明正德十三年土築，嘉靖三十年改甃磚石，本朝乾隆十年修，二十五年重修。	卷 316，15803 頁。
安義縣	江西統部南康府	縣	安義縣城，周四里一百二十步，門四，濠深一丈二尺。明正德十三年創築，本朝順治十六年以後屢修，乾隆七年、二十七年重修。	卷 316，15803 頁。

九江府

城池名稱	所屬	城池等級	原文	資料出處
九江府	江西統部	府	九江府城，周十二里二百四十四步，門五。本隋唐宋舊址，元季陳友諒增築，後毁。明洪武二十二年築城於東北隅，鑿濠爲固，餘但列栅臨江。永樂十年始周甃以甓，自後屢修築，本朝乾隆五十五年修。德化縣附郭。	卷318，15875頁。
德安縣	江西統部九江府	縣	德安縣城，周三里，門五，明正德十一年土築。本朝乾隆五十五年修，並甃磚。	卷318，15875頁。
瑞昌縣	江西統部九江府	縣	瑞昌縣城，周四里有奇，門四，東、西、南三面傍河。明正德八年土築，本朝康熙十一年修。	卷318，15875頁。
湖口縣	江西統部九江府	縣	湖口縣城，周五里二十步，門五，負山面湖，東、西爲濠。明嘉靖三十七年創築甃磚，本朝順治二年修，康熙三年、乾隆九年重修。	卷318，15875頁。
彭澤縣	江西統部九江府	縣	彭澤縣城，周三百餘步，門四。明嘉靖三年因舊址甃磚，本朝乾隆十年修。	卷318，15876頁。

建昌府

城池名稱	所屬	城池等級	原文	資料出處
建昌府	江西統部	府	建昌府城，周九里三十步，門四，東臨江流，西、南、北有濠，廣一丈四尺。宋元豐中築，自明以來屢加修築。南城縣附郭。	卷 320，15968 頁。
新城縣	江西統部建昌府	縣	新城縣城，周五里七十六步，門四。明正德七年築，本朝乾隆二十五年修。	卷 320，15968 頁。
南豐縣	江西統部建昌府	縣	南豐縣城，周七里一百四十二步，門四，濠廣七尺。明正德九年築，本朝康熙二十二年修，乾隆十年、五十八年、嘉慶八年重修。	卷 320，15968 頁。
廣昌縣	江西統部建昌府	縣	廣昌縣城，周五里一百五十六步，門四。明正德九年因舊址改築，本朝順治、康熙年間屢修，乾隆十年、五十八年、嘉慶八年重修。	卷 320，15968 頁。
瀘溪縣	江西統部建昌府	縣	瀘溪縣城，周二里二百八十步，門四，濠廣七尺。明萬曆六年築。	卷 320，15968 頁。

撫州府

城池名稱	所屬	城池等級	原文	資料出處
撫州府	江西統部	府	撫州府城，周九里有奇，門四。舊址沿羊角山，明初改築，本朝康熙二年修，乾隆十二年重修。臨川縣附郭。	卷322，16048頁。
崇仁縣	江西統部撫州府	縣	崇仁縣城，南北二城，北城周四里一百六十步，南城周四里三百步，門各六，中界寶水，倚以爲濠。明嘉靖四十一年築，本朝乾隆二十七年修。	卷322，16048頁。
金溪縣	江西統部撫州府	縣	金溪縣城，周八里，門四。明洪武初重築，本朝乾隆十年修，二十五年重修。	卷322，16049頁。
宜黄縣	江西統部撫州府	縣	宜黄縣城，周七里八十步，門四。明崇禎五年增築新城，計擴三百餘丈，本朝乾隆十年修。	卷322，16049頁。
樂安縣	江西統部撫州府	縣	樂安縣城，周六里一百六十步，門五。明正德時土築，嘉靖間甃石，本朝康熙十四年修，乾隆二十六年、五十一年重修。	卷322，16049頁。
東鄉縣	江西統部撫州府	縣	東鄉縣城，周三里二百三十四步，門四，濠廣二丈。明正德間土築，嘉靖四年甃石，本朝康熙二年修，乾隆二十七年重修。	卷322，16049頁。

臨江府

城池名稱	所屬	城池等級	原文	資料出處
臨江府	江西統部	府	臨江府城，周八里二百五十四步，門十，濠廣一丈五尺。宋淳化初土築，明正德中甃磚，本朝順治八年重築，康熙六年修，乾隆二十五年重修。清江縣附郭。	卷 324，16150 頁。
新淦縣	江西統部臨江府	縣	新淦縣城，周四里八十六步，門七，濠廣六丈。明正德中築，本朝順治、康熙年間相繼修葺，乾隆二十七年重修。	卷 324，16151 頁。
新喻縣	江西統部臨江府	縣	新喻縣城，周五里一百三十步，門七。明正德中因舊址土築，嘉靖中甃磚，本朝康熙初重築，乾隆十年修。	卷 324，16151 頁。
峽江縣	江西統部臨江府	縣	峽江縣城，周三里三百步有奇，門四。明嘉靖五年創築，本朝乾隆十二年修。	卷 324，16151 頁。

瑞州府

城池名稱	所屬	城池等級	原文	資料出處
瑞州府	江西統部	府	瑞州府城，南北兩城，北城周六里八十八步，門五，濠長八百丈；南城周八里三百四十六步，門六，濠長八百六十七丈，跨錦江。明正德中因舊址築，本朝康熙二年增修，乾隆十二年、二十四年重修。高安縣附郭。	卷 325，16214 頁。
上高縣	江西統部瑞州府	縣	上高縣城，周六里六十四步，門五，外有濠。明嘉靖末石築，本朝康熙三年修。	卷 325，16214 頁。
新昌縣	江西統部瑞州府	縣	新昌縣城，周五里，門四，外有濠。明成化中即舊址重築，本朝康熙三年修，乾隆二十四年重修。	卷 325，16215 頁。

袁州府

城池名稱	所屬	城池等級	原文	資料出處
袁州府	江西統部	府	袁州府城，周八里有奇，門四，北枕秀江，三面浚濠。唐武德中因舊址築，後屢拓築。明洪武初增築，本朝順治三年修，康熙三年、乾隆十二年、二十五年重修。宜春縣附郭。	卷 326，16269 頁。

续表

分宜縣	江西統部袁州府	縣	分宜縣城，周二里二百二十四步，門五。明正德七年創築，嘉靖中改築，本朝康熙年間修，乾隆二十五年重修。	卷 326，16269 頁。
萍鄉縣	江西統部袁州府	縣	萍鄉縣城，周五里三十六步，門五。明正德中土築，萬曆中甃石增築，本朝康熙二年修，乾隆二十五年、三十七年、嘉慶二十三年重修。	卷 326，16269 頁。
萬載縣	江西統部袁州府	縣	萬載縣城，周六里，門七。明正德時土築，萬曆間甃磚，本朝康熙三年修，二十一年、乾隆九年重修。	卷 326，16270 頁。

吉安府

城池名稱	所屬	城池等級	原文	資料出處
吉安府	江西統部	府	吉安府城，周九里有奇，門五，東憑大江，西、南、北三面浚濠，深一丈五尺。明初因舊址改築，成化中增築，本朝康熙四年重修。又有子城在城內西南隅，府治居其中，周二里，門三，乾隆二十五年修。廬陵縣附郭。	卷 327，16335 頁。
泰和縣	江西統部吉安府	縣	泰和縣城，周四里，門七，濠廣三丈五尺。唐乾元間土築，明正德二年改築，嘉靖三十五年甃磚，萬曆五年浚濠。	卷 327，16335 頁。

续表

吉水縣	江西統部吉安府	縣	吉水縣城，周六里有奇，門五。南唐保大八年築，明正德間甃石，本朝康熙、雍正年間增修，乾隆二十五年重修。	卷327，16335頁。
永豐縣	江西統部吉安府	縣	永豐縣城，周五里有奇，門八。宋紹興七年土築，明弘治初改築爲門四，嘉靖三年增築爲門六，四十二年改拓，本朝乾隆十二年修，五十二年重修。	卷327，16335頁。
安福縣	江西統部吉安府	縣	安福縣城，周五里有奇，門四，濠深一丈五尺。晋元康中土築，明洪武七年因舊址增修，本朝康熙三年、十年修，乾隆二十五年重修。	卷327，16335頁。
龍泉縣	江西統部吉安府	縣	龍泉縣城，周五里，門四。宋明道二年土築，淳祐二年甃築，明洪武七年增築。	卷327，16335頁。
萬安縣	江西統部吉安府	縣	萬安縣城，宋元豐初始築，元至正間因舊址重築。明正德五年甃石，周七百四十丈，門六，西瞰江，東、南、北爲濠。本朝康熙年間屢修，嘉慶二十三年重修。	卷327，16335頁。
永新縣	江西統部吉安府	縣	永新縣城，周不及一里。唐顯慶三年築，宋嘉熙元年甃築，周五里有奇，門四，東、南瞰溪，西、北鑿濠，長四百八十丈有奇。明洪武二年修。	卷327，16336頁。

续表

永寧縣	江西統部吉安府	縣	永寧縣城，周二里有奇，門四，東距小磵，南阻鄭溪，北倚七溪嶺。元至正十二年土築，明正德十年甃磚石浚濠，本朝屢修。	卷327，16336頁。
蓮花廳	江西統部吉安府	屬廳	未建。	卷327，16336頁。

贛州府

城池名稱	所屬	城池等級	原文	資料出處
贛州府	江西統部	府	贛州府城，周十三里，高三丈，舊有門十三，後塞其七，存六，東、西、北三面阻章、貢之水，南引水爲濠。唐時所築，宋嘉祐中州守孔宗翰甃石，明時屢經修葺，本朝康熙十五年修，四十三年、乾隆十年、二十五年、五十二年修，嘉慶二十二年重修。贛縣附郭。	卷330，16505頁。
雩都縣	江西統部贛州府	縣	雩都縣城，周五里，門六，南臨貢江，三面爲濠。元至正十三年因舊址重築，本朝康熙四十三年修，乾隆二十五年、嘉慶九年重修。	卷330，16505頁。

续表

信豐縣	江西統部贛州府	縣	信豐縣城，周三里十八步，門六。宋嘉定中築，本朝順治、康熙年間屢修，乾隆二十五年重修。	卷330，16505頁。
興國縣	江西統部贛州府	縣	興國縣城，周五里，門四，東、南阻水，西、北爲濠，廣一丈五尺。元至正十二年土築，明成化中甃石，本朝順治、康熙年間屢修，乾隆十一年重修。	卷330，16505頁。
會昌縣	江西統部贛州府	縣	會昌縣城，周二里一百八十步，門四，三面阻水，南爲濠。宋紹興中築，明洪武、正德間改拓，本朝順治七年修。	卷330，16506頁。
安遠縣	江西統部贛州府	縣	安遠縣城，周二里八十步，門三，濠廣一丈。明洪武中築，本朝康熙二十一年修。	卷330，16506頁。
長寧縣	江西統部贛州府	縣	長寧縣城，周二里二百五步，門四。明萬曆三年築，本朝康熙九年修。	卷330，16506頁。
龍南縣	江西統部贛州府	縣	龍南縣城，周四里二百步，門六，東濱渥水、西濱桃水爲濠。明成化初因舊址甃築，崇禎九年改拓，本朝屢修。	卷330，16506頁。
定南廳	江西統部贛州府	屬廳	定南廳城，周二里一百六十步，門三。明隆慶三年築，本朝康熙年間屢修。	卷330，16506頁。

南安府

城池名稱	所屬	城池等級	原文	資料出處
南安府	江西統部	府	南安府城，周四里一百三十步，門四，南濱章江，東、北帶溪，西浚濠。宋淳化二年始築，在今城之南。元時章水徑城中分爲二，至元二十九年改築今所。明嘉靖四十年又於水南別建新城，周二里一百二十八步，門四，北面瀕江，與府城夾江而峙。本朝康熙四十八年，二城俱修，乾隆九年、十一年、二十五年重修。大庾縣附郭。	卷 332，16597 頁。
南康縣	江西統部南安府	縣	南康縣城，周三里八百九十四步，門四，南濱江，東、西、北浚濠。明弘治九年因舊址改築，本朝順治十四年修，康熙四十四年重修。	卷 332，16597 頁。
上猶縣	江西統部南安府	縣	上猶縣城，周二里一百五十四步，門四，南濱江，東、西、北浚濠。明洪武初因舊址修築，弘治二年甃磚，本朝康熙三十一年修。	卷 332，16597 頁。
崇義縣	江西統部南安府	縣	崇義縣城，周三里零二步，門四，東、北臨溪，西、南鑿濠。明正德十三年築，本朝康熙三十五年修。	卷 332，16597 頁。

寧都州

城池名稱	所屬	城池等級	原文	資料出處
寧都州	江西統部	直隸州	寧都州城，新舊二城相屬，南爲舊城，周四里九十步，門六，唐太和六年知縣王揆始築；北爲新城，明崇禎中邑人溫國奇等創築，門七，合舊城共周八里，十三門，濠周九里，廣三丈五尺。本朝屢經修葺，嘉慶八年重修。	卷333，16645頁。
瑞金縣	江西統部寧都州	縣	瑞金縣城，周五里，門四，東阻綿水，南阻貢水，西、北爲濠，延袤二里。元至正十三年築，明成化中甃石，本朝康熙五十八年修。	卷333，16645頁。
石城縣	江西統部寧都州	縣	石城縣城，周二里二百八步，門五，東阻大溪，西爲濠。宋建炎末土築，明成化二十三年甃石，本朝屢經修築，乾隆五十七年、嘉慶十年重修。	卷333，16645頁。

湖北統部

武昌府

城池名稱	所屬	城池等級	原文	資料出處
武昌府	湖北統部	府	武昌府城，周二十里有奇，西臨大江，東、南、北三面爲池，門九。三國吳赤烏中築，唐牛僧孺始甃以甓，明洪武四年增拓，本朝雍正、乾隆間屢修，嘉慶六年重修。江夏縣附郭。	卷335，16757頁。
武昌縣	湖北統部武昌府	縣	武昌縣城，周四里有奇，門四。明萬曆初建，本朝康熙五年建東門城樓、甃女墻，雍正五年、八年先後修葺，乾隆四十三年重修。	卷335，16757頁。
嘉魚縣	湖北統部武昌府	縣	嘉魚縣城，周四里，門四，南距湖，西北距江，因水爲濠。明萬曆中建，本朝順治中修，雍正五年重修。	卷335，16757頁。
蒲圻縣	湖北統部武昌府	縣	蒲圻縣城，周三里有奇，門六。明萬曆二年建，本朝康熙九年、雍正四年、九年、乾隆六十年、嘉慶二年先後修葺。	卷335，16757頁。

续表

咸寧縣	湖北統部武昌府	縣	咸寧縣城，周四里有奇，門四，濠廣三丈，水門四。明萬曆六年建，本朝雍正四年、八年相繼修葺，嘉慶元年重修。	卷 335，16757 頁。
崇陽縣	湖北統部武昌府	縣	崇陽縣城，周三里有奇，門四。明成化中築，萬曆二年甃以甓，本朝康熙十二年修。	卷 335，16757 頁。
通城縣	湖北統部武昌府	縣	通城縣城，周二里有奇，門四。明萬曆中建，明末毁，本朝順治八年重建。	卷 335，16758 頁。
興國州	湖北統部武昌府	屬州	興國州城，周四里有奇，門八。明初築，正德四年甃以甓，嘉靖三十三年改營石城，本朝雍正八年修。	卷 335，16758 頁。
大冶縣	湖北統部武昌府	縣	大冶縣城，周一百六十丈，門四。明嘉靖三十一年建，本朝康熙二十一年重修，復增二門。	卷 335，16758 頁。
通山縣	湖北統部武昌府	縣	通山縣城，舊土城，後圮。明嘉靖二十八年，於縣治東、西建二樓以爲防禦。萬曆十一年毁，尋建四樓。本朝順治十八年修。	卷 335，16758 頁。

漢陽府

城池名稱	所屬	城池等級	原文	資料出處
漢陽府	湖北統部	府	漢陽府城，周四里有奇，門三，東南臨江，北跨鳳棲山。明初因舊址改建，本朝順治十八年修，康熙六年、雍正四年、乾隆八年先後重修。漢陽縣附郭。	卷338，16938頁。
漢川縣	湖北統部漢陽府	縣	漢川縣城，周七里有奇，門五。明崇禎九年建，本朝雍正七年修，乾隆五十六年重修。	卷338，16938頁。
孝感縣	湖北統部漢陽府	縣	孝感縣城，周七里有奇，門六，濠廣丈許。明正德七年築，萬曆初甃磚，本朝順治十六年修。	卷338，16938頁。
黄陂縣	湖北統部漢陽府	縣	黄陂縣城，周五里有奇，門六。明萬曆初因舊址建，本朝順治中修，乾隆六十年重修。	卷338，16938頁。
沔陽州	湖北統部漢陽府	屬州	沔陽州城，周一千一百餘丈，門六，城東臨蓮花池，西、南、北皆臨河。明洪武初建，本朝雍正七年修。	卷338，16938頁。

黄州府

城池名稱	所屬	城池等級	原文	資料出處
黄州府	湖北統部	府	黄州府城，周七里有奇，高二丈七尺，門四，有濠。明洪武初因舊址改建，本朝順治四年修，康熙十一年、雍正二年、乾隆十二年重修。黄岡縣附郭。	卷340，17056頁。
黄安縣	湖北統部黄州府	縣	黄安縣城，周三里有奇，高二丈三尺，門四。明嘉靖四十二年建，本朝順治十六年修，雍正六年、乾隆十三年重修。	卷340，17057頁。
蘄水縣	湖北統部黄州府	縣	蘄水縣城，周四里有奇，高一丈五尺，門七，有濠。明萬曆二年建，本朝順治元年修。	卷340，17056頁。
羅田縣	湖北統部黄州府	縣	羅田縣城，東、西、南臨尤河，北倚鳳山，周五里，高一丈五尺，門四。明成化十五年築，嘉靖九年甃以石，本朝康熙四年、五年修，乾隆十二年重修。	卷340，17057頁。
麻城縣	湖北統部黄州府	縣	麻城縣城，周五里有奇，高一丈七尺，門七。明萬曆初建，本朝順治十一年修，雍正五年、乾隆三十三年重修。	卷340，17057頁。

续表

蘄州	湖北統部黃州府	屬州	蘄州城，周九里有奇，高一丈八尺，門六，東、南、北有濠，廣十七丈八尺，西濱江。明洪武二年因舊址建，本朝雍正五年修，乾隆十三年重修。	卷340，17057頁。
廣濟縣	湖北統部黃州府	縣	廣濟縣城，舊無城，設四門，梅川貫其中。本朝康熙三年建土城，周圍三里許，乾隆四年修。	卷340，17057頁。
黃梅縣	湖北統部黃州府	縣	黃梅縣城，周三里，高一丈，門六，南面三門，有濠。明萬曆二十二年建，本朝順治十六年修，雍正四年、乾隆七年重修。	卷340，17057頁。

安陸府

城池名稱	所屬	城池等級	原文	資料出處
安陸府	湖北統部	府	安陸府城，周七里有奇，門五，濠廣十餘丈。即古石城，晋羊祜建。宋乾道、淳熙間增建。明嘉靖中建月城重門，崇禎中復建外城。本朝順治八年、康熙元年、雍正五年、乾隆四十七年屢修。鍾祥縣附郭。	卷342，17202頁。
京山縣	湖北統部安陸府	縣	京山縣城，周四里有奇，門五，濠廣三丈，南因溾水爲濠。明正德中因舊址建，本朝順治十四年、雍正五年、六年屢修。	卷342，17203頁。

续表

潛江縣	湖北統部安陸府	縣	潛江縣城，周五里有奇，門五，水門二。明嘉靖中築，萬曆間甃甓，本朝康熙五年重葺。	卷 342，17203 頁。
天門縣	湖北統部安陸府	縣	天門縣城，周三里有奇，門四，四面皆湖。明成化中築，正德中甃以石，本朝順治十一年、康熙七年、雍正五年屢修。	卷 342，17203 頁。

德安府

城池名稱	所屬	城池等級	原文	資料出處
德安府	湖北統部	府	德安府城，周六里有奇，高二丈餘，門四，有濠。明洪武二年建，嘉靖中築北門月城，左右爲門。本朝康熙中建城樓。安陸縣附郭。	卷 343，17294 頁。
雲夢縣	湖北統部德安府	縣	雲夢縣城，周三里有奇，門四，有濠。明成化中築，隆慶中增築，萬曆中甃甓，本朝順治中重修。	卷 343，17294 頁。
應城縣	湖北統部德安府	縣	應城縣城，周五里有奇，門六，有濠。明成化中築，嘉靖三十六年甃甓，本朝康熙、雍正中屢修。	卷 343，17295 頁。

续表

隨州	湖北統部德安府	屬州	隨州城，周三里有奇，高一丈五尺，門四，有濠。明洪武初建，成化中浚池，弘治中築護城堤，嘉靖中又築郭外土城，增西、北二門，浚濠。本朝雍正三年修浚。	卷343，17295頁。
應山縣	湖北統部德安府	縣	應山縣城，周三里有奇，門四，有濠。明嘉靖中建，本朝順治初修。	卷343，17295頁。

荆州府

城池名稱	所屬	城池等級	原文	資料出處
荆州府	湖北統部	府	荆州府城，周十八里有奇，門六，有濠。舊傳漢關忠義所築，晋桓溫增修。明初修，萬曆十年拓修。本朝順治三年重建，中有界城，東爲滿洲將軍駐防地，西爲官署民居。雍正六年修，乾隆二十一年、五十三年、嘉慶八年重修。江陵縣附郭。	卷344，17393頁。
公安縣	湖北統部荆州府	縣	公安縣城，周三里有奇，門四，舊濱江，數爲江水衝激。明崇禎十二年徙於祝家岡東北，去舊城五十五里。本朝順治、康熙間屢修，乾隆三十三年重修。	卷344，17393頁。

续表

石首縣	湖北統部荆州府	縣	石首縣城，周七里有奇，門五，有濠。明弘治中因舊址建，本朝順治初修，康熙七年重修。	卷344，17393頁。
監利縣	湖北統部荆州府	縣	監利縣城，周五里有奇，門五，有濠。明正德十年築，萬曆元年改拓甃甓，本朝順治六年修，康熙十九年、四十一年重修。	卷344，17393頁。
松滋縣	湖北統部荆州府	縣	松滋縣城，周五里，門四，有濠。明正德中築，崇禎時甃甓，本朝康熙六年修，二十三年重修。	卷344，17393頁。
枝江縣	湖北統部荆州府	縣	枝江縣城，周五里有奇，門五，有濠。明洪武二十二年築，成化四年甃甓，本朝康熙三年修，雍正六年、乾隆五年重修。	卷344，17393頁。
宜都縣	湖北統部荆州府	縣	宜都縣城，周三里有奇，門五，有濠。明成化六年因舊址建，本朝順治四年僑治白洋渡，康熙元年修復舊址，三十六年又修。	卷344，17393頁。

襄陽府

城池名稱	所屬	城池等級	原文	資料出處
襄陽府	湖北統部	府	襄陽府城，有正城，有新城，新城附正城東北，周十二里有奇，高二丈五尺，門六，北倚漢水爲濠，東、西、南鑿濠長十里，廣二丈九尺。明初鄧愈因舊址建，本朝順治中修。襄陽縣附郭。	卷346，17541頁。
宜城縣	湖北統部襄陽府	縣	宜城縣城，周五里有奇，高一丈七尺，門五，有濠。明成化中初築，嘉靖中拓修，本朝順治中修，嘉慶十九年重修。	卷346，17541頁。
南漳縣	湖北統部襄陽府	縣	南漳縣城，周四里，高一丈六尺，門六，有濠。明嘉靖中因舊址建，本朝乾隆二十四年修。	卷346，17541頁。
棗陽縣	湖北統部襄陽府	縣	棗陽縣城，周四里有奇，高二丈二尺，門五，有濠。明景泰初因舊址建，本朝雍正、乾隆中修。	卷346，17541頁。
穀城縣	湖北統部襄陽府	縣	穀城縣城，周三里有奇，高一丈八尺，門四，有濠。明成化初因舊址建，本朝順治、雍正中屢修。	卷346，17541頁。

续表

光化縣	湖北統部襄陽府	縣	光化縣城，周四里有奇，高一丈八尺，門四，有濠。明隆慶中因舊址建，本朝乾隆二十三年修。	卷 346，17541 頁。
均州	湖北統部襄陽府	屬州	均州城，周六里有奇，高二丈五尺，門四，有濠。明洪武中因舊址築，永樂中甃石，本朝康熙、雍正、乾隆中屢修。	卷 346，17541 頁。

鄖陽府

城池名稱	所屬	城池等級	原文	資料出處
鄖陽府	湖北統部	府	鄖陽府城，周六里有奇，高二丈一尺，門七，北枕山，西南阻漢水，東門外濠長五十餘丈，廣二丈二尺，深九尺。明天順八年築，成化十二年甃甓，嘉靖中因舊址增拓，本朝順治十四年修，雍正中重修。鄖縣附郭。	卷 349，17684 頁。
房縣	湖北統部鄖陽府	縣	房縣城，周四里有奇，高二丈，門四，有濠。明洪武中建，本朝順治、康熙中修，乾隆五十九年、嘉慶元年重修。	卷 349，17684 頁。
竹山縣	湖北統部鄖陽府	縣	竹山縣城，周三里，高一丈四尺，門四。明成化中因舊土城甃石，正德五年建月城。	卷 349，17684 頁。

续表

竹溪縣	湖北統部鄖陽府	縣	竹溪縣城，周二里，高一丈五尺，門四，有濠。明成化中築，弘治中增拓東城，正德九年甃甓，本朝嘉慶五年修。	卷 349，17684 頁。
保康縣	湖北統部鄖陽府	縣	保康縣城，周三里許，高一丈三尺，門五。明弘治中築，嘉靖十三年甃甓，本朝嘉慶三年修。	卷 349，17684 頁。
鄖西縣	湖北統部鄖陽府	縣	鄖西縣城，周里許，高一丈三尺，門四，有濠。明成化中築，正德十六年甃甓，本朝順治中修，嘉慶二年重修。	卷 349，17684 頁。

宜昌府

城池名稱	所屬	城池等級	原文	資料出處
宜昌府	湖北統部	府	宜昌府城，周五里，高二丈餘，東、南、北三面有濠，西面臨江，門七。明洪武十二年因舊址建，本朝順治十三年修，康熙六年、雍正五年重修。東湖縣附郭。	卷 350，17757 頁。
歸州	湖北統部宜昌府	屬州	歸州城，周六里，門四。明嘉靖四十年遷建，本朝康熙三年、雍正七年屢修，嘉慶九年重修。	卷 350，17757 頁。

续表

長陽縣	湖北統部宜昌府	縣	長陽縣城，北依山累土爲城，覆以瓦，南臨水，甃以石，東、西、南城樓三。明崇禎十六年建，本朝康熙三年修，嘉慶元年重修。	卷350，17757頁。
興山縣	湖北統部宜昌府	縣	興山縣城，周二里，門三。明弘治初築，本朝康熙十年修，嘉慶九年改建石城，周五百二十二丈。	卷350，17757頁。
巴東縣	湖北統部宜昌府	縣	巴東縣城，舊無城，南依巴山，北背大江，自然之城塹也。	卷350，17758頁。
長樂縣	湖北統部宜昌府	縣	長樂縣城，周三里有奇，高丈餘，門四。本朝乾隆二年建，四十四年修。	卷350，17758頁。
鶴峰州	湖北統部宜昌府	屬州	鶴峰州城，周三里有奇，高丈餘，門四。本朝乾隆二年建。	卷350，17758頁。

施南府

城池名稱	所屬	城池等級	原文	資料出處
施南府	湖北統部	府	施南府城，周九里有奇，門四，有濠。明洪武十四年建，本朝乾隆二十六年修。恩施縣附郭。	卷351，17826頁。

续表

宣恩縣	湖北統部施南府	縣	宣恩縣城，本朝乾隆年間建。	卷351，17826頁。
來鳳縣	湖北統部施南府	縣	來鳳縣城，本朝乾隆年間建，嘉慶八年修。	卷351，17826頁。
咸豐縣	湖北統部施南府	縣	咸豐縣城，舊有大田所城，門四，明洪武間築。後圮，本朝乾隆間估定城基，因地險未建。	卷351，17826頁。
利川縣	湖北統部施南府	縣	利川縣城，本朝乾隆年間建。	卷351，17827頁。
建始縣	湖北統部施南府	縣	建始縣城，周三里有奇，門四。明正德初建，本朝乾隆年間修。	卷351，17827頁。

荆門州

城池名稱	所屬	城池等級	原文	資料出處
荆門州	湖北統部	直隸州	荆門州城，周四里有奇，門五。宋嘉熙中陸九淵築，明初改建石城，本朝順治五年、康熙五年、十二年屢修。	卷352，17863頁。

续表

當陽縣	湖北統部荆門州	縣	當陽縣城，周三里有奇，門四，水門五。明成化中築，正德初甃石，萬曆初修，復於城外浚濠。本朝康熙四十四年、雍正五年、嘉慶元年重修。	卷352，17863頁。
遠安縣	湖北統部荆門州	縣	遠安縣城，周四里有奇，門四，有濠。明成化中建，本朝順治十一年、乾隆三十四年重修。	卷352，17863頁。

湖南統部

長沙府

城池名稱	所屬	城池等級	原文	資料出處
長沙府	湖南統部	府	長沙府城，周十四里有奇，高二丈四尺，門九，有濠。明洪武中初築，本朝順治、康熙中重葺，乾隆十二年增修，三十一年重修。長沙、善化二縣附郭。	卷354，17995頁。
湘潭縣	湖南統部長沙府	縣	湘潭縣城，周六里有奇，高丈六尺，門六。明萬曆二年築，本朝康熙三十三年修，乾隆五十二年重修。	卷354，17995頁。
湘陰縣	湖南統部長沙府	縣	湘陰縣城，周三里有奇，高丈五尺，門七。明隆慶間築，本朝康熙元年修，乾隆十七年增築護城堤。	卷354，17995頁。
寧鄉縣	湖南統部長沙府	縣	寧鄉縣城，縣舊無城，依通衢建立四門，圍以木栅。	卷354，17996頁。

续表

瀏陽縣	湖南統部長沙府	縣	瀏陽縣城，周三里，高一丈，門四，水門五。明嘉靖中築，本朝順治、康熙、雍正中屢修，乾隆二十一年改建，五十七年補修。	卷354，17995頁。
醴陵縣	湖南統部長沙府	縣	醴陵縣城，明嘉靖十四年傍山築土城，沿江立木栅，門五。本朝順治、康熙中修，乾隆十一年復修。	卷354，17995頁。
益陽縣	湖南統部長沙府	縣	益陽縣城，周四里有奇，高丈二尺，門四。明嘉靖三十一年築，本朝康熙二十二年修。	卷354，17995頁。
湘鄉縣	湖南統部長沙府	縣	湘鄉縣城，縣舊無城，明設四門於市口。	卷354，17996頁。
攸縣	湖南統部長沙府	縣	攸縣城，周四里有奇，門五。明嘉靖元年築，本朝順治、康熙中屢修，乾隆二十一年重修。	卷354，17996頁。
安化縣	湖南統部長沙府	縣	安化縣城，明萬曆初立木栅，設門五。本朝康熙二十一年修，三十三年重修。	卷354，17996頁。
茶陵州	湖南統部長沙府	屬州	茶陵州城，周五里，高二丈五尺，門六，濠廣六丈五尺。明洪武中築，本朝順治、康熙中屢修，乾隆二十九年重葺。	卷354，17996頁。

岳州府

城池名稱	所屬	城池等級	原文	資料出處
岳州府	湖南統部	府	岳州府城，周七里，門四，三面有濠，西濱大湖。宋元嘉中因吳舊址築，唐天寶中重築，明洪武中又加拓築，本朝康熙五十一年修，乾隆五年、二十九年重修。巴陵縣附郭。	卷 358，18186 頁。
臨湘縣	湖南統部岳州府	縣	臨湘縣城，周五里，門四。明成化十一年築，本朝康熙二十四年、雍正二年屢修。	卷 358，18186 頁。
華容縣	湖南統部岳州府	縣	華容縣城，周三里有奇，門四。明成化十三年因舊址築，二十年覆以磚，本朝康熙初年修，乾隆二十五年重修。	卷 358，18186 頁。
平江縣	湖南統部岳州府	縣	平江縣城，周五里有奇，門四。明成化八年築，本朝康熙七年修。	卷 358，18186 頁。

寶慶府

城池名稱	所屬	城池等級	原文	資料出處
寶慶府	湖南統部	府	寶慶府城，周九里有奇，門四，東、北以資江爲塹，西、南有濠。明洪武六年因舊址修築，本朝順治十五年重葺，乾隆十二年、十七年重修。邵陽縣附郭。	卷360，18278頁。
新化縣	湖南統部寶慶府	縣	新化縣城，周四里有奇，門四。明洪武初築，正德十四年甃石，本朝順治十三年修，康熙十二年、乾隆二十四年重修。	卷360，18279頁。
城步縣	湖南統部寶慶府	縣	城步縣城，周五里有奇，門四。明弘治中築，嘉靖中重修。萬曆中拓南城臨江，增東西各二十四丈。本朝乾隆十三年修，二十五年復修。	卷360，18279頁。
武岡州	湖南統部寶慶府	屬州	武岡州城，周七里有奇，門六，有濠。明洪武初因舊址築，初僅有門五，正德十三年闢新南門。嘉靖二十九年，添東北土城一座，設東、南、北三門，呂調陽爲之記。隆慶二年復增建外城，設門五，崇禎十二年再展北城。本朝乾隆二十三年修，嘉慶二年、二十二年重修。	卷360，18279頁。
新寧縣	湖南統部寶慶府	縣	新寧縣城，周二里，門四。明景泰二年築，成化六年甃石，本朝順治五年修，乾隆二十六年復修。	卷360，18279頁。

衡州府

城池名稱	所屬	城池等級	原文	資料出處
衡州府	湖南統部	府	衡州府城，周七里有奇，門七，東以湘水爲池，南、西、北各有濠。宋景定中築，本朝順治中修，乾隆二十六年重修。衡陽、清泉二縣附郭。	卷 362，18360 頁。
衡山縣	湖南統部衡州府	縣	衡山縣城，周七里有奇，門六。明正德中築，本朝乾隆二十年修。	卷 362，18361 頁。
耒陽縣	湖南統部衡州府	縣	耒陽縣城，周二里有奇，門五。明正德中築，本朝康熙五十四年修，乾隆二十七年重修。	卷 362，18361 頁。
常寧縣	湖南統部衡州府	縣	常寧縣城，周三里有奇，門四。明正統八年築，本朝康熙七年修，雍正、乾隆中屢修。	卷 362，18361 頁。
安仁縣	湖南統部衡州府	縣	安仁縣城，周二里有奇，門五。明正德十二年築，本朝康熙三十三年重築，改門四，乾隆二十七年重修。	卷 362，18361 頁。
酃縣	湖南統部衡州府	縣	酃縣城，周二里有奇，門四。明嘉靖二年築，本朝康熙三十一年修。	卷 362，18361 頁。

常德府

城池名稱	所屬	城池等級	原文	資料出處
常德府	湖南統部	府	常德府城，周九里有奇，高二丈五尺，門六，南臨大江，東、西、北三面有濠。明洪武時因元舊址築，本朝康熙九年修，乾隆三十一年重修。武陵縣附郭。	卷364，18454頁。
桃源縣	湖南統部常德府	縣	桃源縣城，土城，門四，明成化中築。	卷364，18454頁。
龍陽縣	湖南統部常德府	縣	龍陽縣城，周八百八十七丈，門五，北瀕江，東、西、南三面有濠。明成化中因元舊址築，本朝康熙十二年重建城樓，乾隆三十一年重修。	卷364，18454頁。
沅江縣	湖南統部常德府	縣	沅江縣城，土城，周五里，門四。明成化中築，本朝嘉慶十二年修。	卷364，18454頁。

辰州府

城池名稱	所屬	城池等級	原文	資料出處
辰州府	湖南統部	府	辰州府城，周五里有奇，門七，有濠。明洪武初因舊址築，本朝康熙二十年、四十四年、雍正八年、十二年屢修。沅陵縣附郭。	卷366，18529頁。
瀘溪縣	湖南統部常德府	縣	瀘溪縣城，周三里有奇，門四。明崇禎十三年築，本朝雍正十一年修。	卷366，18529頁。
辰溪縣	湖南統部常德府	縣	辰溪縣城，周二里有奇，門五。明正統間因舊址築，本朝康熙年間修。	卷366，18529頁。
漵浦縣	湖南統部常德府	縣	漵浦縣城，周三里有奇，門四。元至正間築，明萬曆初修，本朝雍正年間重修。	卷366，18529頁。

沅州府

城池名稱	所屬	城池等級	原文	資料出處
沅州府	湖南統部	府	沅州府城，周五里有奇，門四，水門一。明洪武初因宋址築土城，嘉靖中甃石，本朝順治、康熙間屢葺，乾隆十八年、二十九年重修。芷江縣附郭。	卷368，18590頁。

续表

黔陽縣	湖南統部沅州府	縣	黔陽縣城，周三里有奇，門四。明正統間築，成化中甃石，本朝康熙年間屢修，雍正六年、乾隆四十六年重修。	卷368，18590頁。
麻陽縣	湖南統部沅州府	縣	麻陽縣城，周三里有奇，門五。明洪武初築，正德中甃磚，本朝康熙、雍正年間屢葺，乾隆七年、五十三年重修。	卷368，18590頁。

永州府

城池名稱	所屬	城池等級	原文	資料出處
永州府	湖南統部	府	永州府城，周九里有奇，高三丈，門七。明洪武中因舊址重築，西以瀟水爲濠。本朝順治四年修，雍正五年、乾隆二年、五十九年重修。零陵縣附郭。	卷370，18657頁。
祁陽縣	湖南統部永州府	縣	祁陽縣城，周七里有奇，門六，有濠。明景泰中築，本朝順治十二年修，雍正十年、乾隆五年、二十七年、五十九年相繼修。	卷370，18657頁。
東安縣	湖南統部永州府	縣	東安縣城，周三百五十丈，門三，有濠。明洪武中築土城，成化中甃磚，本朝順治十二年修，康熙二十二年、乾隆十七年相繼修築。	卷370，18658頁。

续表

道州	湖南統部永州府	屬州	道州城，周五里有奇，門五，有濠。舊城夾江爲之，宋淳熙中築，明洪武中改建於江北，本朝康熙四十八年、乾隆二十二年相繼修葺。	卷 370，18658 頁。
寧遠縣	湖南統部永州府	縣	寧遠縣城，周四里，門五，有濠。明洪武中築，本朝乾隆五十四年修。	卷 370，18658 頁。
永明縣	湖南統部永州府	縣	永明縣城，周三百六十丈，門四，南面阻江，東、西、北三面有濠。明天順八年築。	卷 370，18658 頁。
江華縣	湖南統部永州府	縣	江華縣城，周八百五十餘丈，門三，有濠，明天順六年築。本朝雍正七年、乾隆十九年屢修。	卷 370，18658 頁。
新田縣	湖南統部永州府	縣	新田縣城，周五百三十七丈，門四，有濠。明崇禎中築，本朝康熙六年修，乾隆十七年重修。	卷 370，18658 頁。

永順府

城池名稱	所屬	城池等級	原文	資料出處
永順府	湖南統部	府	永順府城，在舊永順司治西北三十里岢場地，周五里有奇，門五，三面有河，雍正七年築。永順縣附郭。	卷 372，18768 頁。

续表

龍山縣	湖南統部永順府	縣	龍山縣城，在麂皮壩地，周三里有奇，門四。雍正十年築。	卷372，18768頁。
保靖縣	湖南統部永順府	縣	保靖縣城，在茅坪地，周三里有奇，門四。雍正九年築。	卷372，18768頁。
桑植縣	湖南統部永順府	縣	桑植縣城，本九溪衛安福所城，周三里有奇，門三。明洪武二十五年築，本朝雍正七年改爲縣城。	卷372，18768頁。

澧州

城池名稱	所屬	城池等級	原文	資料出處
澧州	湖南統部	直隸州	澧州城，周九里有奇，門五，有濠。明洪武初築，本朝順治六年修築，康熙二十二年踵葺，乾隆二十七年重修，又開門一。	卷373，18808頁。
石門縣	湖南統部澧州	縣	石門縣城，周二里有奇，門四。明成化間築。	卷373，18808頁。
安鄉縣	湖南統部澧州	縣	安鄉縣城，周二里有奇，門六。本朝順治十六年創築，康熙三年重葺。	卷373，18808頁。

续表

慈利縣	湖南統部澧州	縣	慈利縣城，周三里有奇，門六。明萬曆六年築，本朝乾隆二十九年修。	卷373，18808頁。
安福縣	湖南統部澧州	縣	安福縣城，周二里有奇，門四。本朝雍正九年建。	卷373，18808頁。
永定縣	湖南統部澧州	縣	永定縣城，周六里，門五，有濠。本朝雍正十三年即原衛城修築。	卷373，18808頁。

桂陽州

城池名稱	所屬	城池等級	原文	資料出處
桂陽州	湖南統部	直隸州	桂陽州城，周二里有奇，門四，有濠。明洪武二年築，本朝康熙二十一年修，乾隆十二年重修。	卷375，18874頁。
臨武縣	湖南統部桂陽州	縣	臨武縣城，周二里有奇，門五，有濠。明天順四年築，本朝順治十一年修，康熙五年、二十一年、雍正四年、十年屢修。	卷375，18874頁。
藍山縣	湖南統部桂陽州	縣	藍山縣城，周二里有奇，門四。明天順八年築，本朝乾隆二十五年重修。	卷375，18874頁。

续表

嘉禾縣	湖南統部桂陽州	縣	嘉禾縣城，周四里有奇。明崇禎中築，本朝康熙八年修，乾隆二十八年重修。	卷 375，18874 頁。

靖州

城池名稱	所屬	城池等級	原文	資料出處
靖州	湖南統部	直隸州	靖州城，周九里有奇，門五。宋崇寧元年築，明洪武中甃石，本朝康熙中屢修，乾隆二十五年重修。	卷 376，18924 頁。
會同縣	湖南統部靖州	縣	會同縣城，周三里有奇，門三。宋崇寧間築土城，明成化四年增拓，二十一年甃石，本朝康熙中屢修，乾隆二十五年重修。	卷 376，18924 頁。
通道縣	湖南統部靖州	縣	通道縣城，周二里有奇，門三。明洪武十四年築土城，成化八年甃磚，本朝康熙五年修，乾隆二十六年重修。	卷 376，18924 頁。
綏寧縣	湖南統部靖州	縣	綏寧縣城，周二里有奇，門三。舊傳諸葛武侯所築，明時拓之約二里，成化中甃石，本朝康熙中屢修，乾隆二十五年重修。	卷 376，18924 頁。

郴州

城池名稱	所屬	城池等級	原文	資料出處
郴州	湖南統部	直隸州	郴州城，周三里有奇，東、西、南三門，舊有北門，久塞，有濠。漢太守楊璆築，歷代增修，明嘉靖中甃石，本朝乾隆三十一年、嘉慶十六年重修。	卷 377，18970 頁。
永興縣	湖南統部郴州	縣	永興縣城，周二里有奇，門五。舊有城垣，明正德間修築，本朝順治十三年、康熙十九年、乾隆十一年屢修。	卷 377，18970 頁。
宜章縣	湖南統部郴州	縣	宜章縣城，周二里有奇，門四，有濠。明成化八年因舊址築，本朝康熙二十四年、雍正九年、嘉慶十六年重葺。	卷 377，18971 頁。
興寧縣	湖南統部郴州	縣	興寧縣城，周一里有奇，西、南門二，有濠。舊屬土垣，明洪武初築，甃磚，本朝乾隆二十四年修，增東門一。	卷 377，18971 頁。
桂陽縣	湖南統部郴州	縣	桂陽縣城，周二里有奇，門三，有濠。明弘治八年築，本朝康熙十一年修。	卷 377，18971 頁。
桂東縣	湖南統部郴州	縣	桂東縣城，周一里有奇，門三，有濠。明成化初築，本朝順治十年修，康熙二十五年重築。	卷 377，18971 頁。

乾州廳

城池名稱	所屬	城池等級	原文	資料出處
乾州廳	湖南統部	直隸廳	乾州廳城，在武溪之陽，門三。明正統間築，本朝康熙五十三年重修，五十九年因城湫隘，復環城東西北衛以土垣。嘉慶元年升州爲直隸廳，更擴之，周六百四丈，高丈二尺。	卷379，19044頁。

鳳凰廳

城池名稱	所屬	城池等級	原文	資料出處
鳳凰廳	湖南統部	直隸廳	鳳凰廳城，在烏巢江南鎮草鎮，明五寨司城遺址，門四。本朝康熙五十四年修，乾隆五十一年增修，嘉慶元年升廳爲直隸廳，更展修之。	卷380，19068頁。

永綏廳

城池名稱	所屬	城池等級	原文	資料出處
永綏廳	湖南統部	直隸廳	永綏廳城，舊在吉多坪，雍正十一年開闢苗疆，於永綏協右營花園汛修築城堡。嘉慶元年升永綏爲直隸廳，改汛爲綏靖鎮，建築石城，周三里有奇，高一丈三尺，長五百七十三丈六尺，門五。七年，移廳治於此。	卷381，19086頁。

晃州廳

城池名稱	所屬	城池等級	原文	資料出處
晃州廳	湖南統部	直隸廳	晃州廳城，五代酋田氏築城，宋熙寧間收復，明屬沅州衛，築堡設兵，本朝順治初設汛，乾隆三年甃堡以石，嘉慶二十二年移凉繖通判駐此，升直隸廳。	

四川統部

成都府

城池名稱	所屬	城池等級	原文	資料出處
成都府	四川統部	府	成都府城，周二十二里三分，門四。明洪武初因舊址建，本朝康熙初重建，雍正五年修，乾隆四十八年重修。成都、華陽二縣附郭。滿城，在府城西，周四里五分，門五，康熙五十七年建，乾隆五十年修。	卷 384，19265 頁。
雙流縣	四川統部成都府	縣	雙流縣城，周三里二分，門四。明正德中因舊址土築，萬曆二十二年甃磚，本朝乾隆三十一年修。	卷 384，19266 頁。
溫江縣	四川統部成都府	縣	溫江縣城，周四里一分，門五，池廣一丈。明成化間土築，本朝乾隆三十一年甃磚，嘉慶四年修，十一年重修。	卷 384，19266 頁。

续表

新繁縣	四川統部成都府	縣	新繁縣城，周六里七分，門四，池廣一丈。明正德中土築，嘉靖中甃磚，本朝康熙五十七年修，乾隆四十四年重修。	卷384，19266頁。
金堂縣	四川統部成都府	縣	金堂縣城，周五里三分，門四。明成化中建，本朝康熙初修，乾隆三十四年重修。	卷384，19266頁。
新都縣	四川統部成都府	縣	新都縣城，周九里三分，門四。明正德初建，本乾隆三十年修，嘉慶十六年重修。	卷384，19266頁。
郫縣	四川統部成都府	縣	郫縣城，周八里三分，門四。明天順中土築。本朝乾隆三十年甃磚，嘉慶三年修，十二年重修。	卷384，19266頁。
灌縣	四川統部成都府	縣	灌縣城，周七里九厘，門四。明弘治中建，本朝康熙五年修，乾隆二十八年重修。	卷384，19266頁。
彭縣	四川統部成都府	縣	彭縣城，周五里六分，門五。明天順中土築，本朝乾隆三十一年甃磚，嘉慶二年修，十八年重修。	卷384，19266頁。
崇寧縣	四川統部成都府	縣	崇寧縣城，周四里八分八厘，門五。明正德中土築，本朝乾隆三十年甃磚。	卷384，19266頁。

续表

簡州	四川統部成都府	屬州	簡州城，周四里三分，門四。明成化中建，本朝康熙四年修，乾隆三十五年重修。	卷384，19267頁。
崇慶州	四川統部成都府	屬州	崇慶州城，周九里，門四。明成化中土築，本朝乾隆三十五年甃磚。	卷384，19267頁。
新津縣	四川統部成都府	縣	新津縣城，周三里七分，門四，濠廣一丈五尺。明成化間土築，正德中甃磚，本朝康熙四年修，乾隆三十年重修。	卷384，19267頁。
漢州	四川統部成都府	屬州	漢州城，周八里六分一厘，門四，池廣一丈。明天順中土築，正德中甃磚，本朝乾隆三十六年修。	卷384，19267頁。
什邡縣	四川統部成都府	縣	什邡縣城，周三里九分，門四，明正德中建。本朝乾隆七年重建，嘉慶八年修，十一年重修。	卷384，19267頁。

重慶府

城池名稱	所屬	城池等級	原文	資料出處
重慶府	四川統部	府	重慶府城，周十二里六分，門十七，九開八閉，俗以爲九宫八卦之形，環江爲池。明洪武初因舊址甃石，本朝康熙二年修，乾隆三十年重修。巴縣附郭。	卷387，19482頁。

续表

江津縣	四川統部重慶府	縣	江津縣城，周五里六分，門四。明成化中建，本朝乾隆三十一年修，嘉慶九年重修。	卷387，19482頁。
長壽縣	四川統部重慶府	縣	長壽縣城，周五里有奇，門四，舊治瀕江，明天順中築。本朝嘉慶四年移建石城於今所，依山爲址。	卷387，19482頁。
永川縣	四川統部重慶府	縣	永川縣城，周八百丈有奇，門六。明成化中建，本朝乾隆三十年修，五十六年重修。	卷387，19482頁。
榮昌縣	四川統部重慶府	縣	榮昌縣城，周五里五分，門四。明成化中建，本朝乾隆三十四年修。	卷387，19482頁。
綦江縣	四川統部重慶府	縣	綦江縣城，周二里七分，門三。明成化中建，本朝康熙八年修，乾隆三十年、嘉慶十五年重修。	卷387，19482頁。
南川縣	四川統部重慶府	縣	南川縣城，周三里五分，門四。明成化中築，嘉靖九年甃石，本朝康熙二十四年修，雍正十二年、乾隆十年、三十一年重修。	卷387，19482頁。
合州	四川統部重慶府	屬州	合州城，周十六里二分，門八。明成化中建。本朝乾隆三十三年修，五十三年、嘉慶八年重修。	卷387，19482頁。

续表

涪州	四川統部重慶府	屬州	涪州城，周四里，門五。明成化初因舊址建，本朝康熙二十四年修，乾隆二十九年重修。	卷387，19483頁。
銅梁縣	四川統部重慶府	縣	銅梁縣城，周六里六分，門四。明天順中建，本朝乾隆三十一年修。	卷387，19483頁。
大足縣	四川統部重慶府	縣	大足縣城，周四里八分，門四。明天順中建，本朝嘉慶二年修。	卷387，19483頁。
壁山縣	四川統部重慶府	縣	壁山縣城，周三里八分，門四。明成化中建，本朝雍正八年重建，乾隆三十五年修。	卷387，19483頁。
定遠縣	四川統部重慶府	縣	定遠縣城，周三里七分，門四。明嘉靖三十年建，本朝雍正六年修，乾隆二年、四十四年重修。	卷387，19483頁。
江北廳	四川統部重慶府	屬廳	江北廳城，周十五里，門四，南臨江，三面依山。本朝嘉慶六年土築。	卷387，19483頁。

保寧府

城池名稱	所屬	城池等級	原文	資料出處
保寧府	四川統部	府	保寧府城，周九里三分，門四，南臨江，三面環池。明洪武四年建，本朝乾隆三十四年修，六十年、嘉慶三年重修。閬中縣附郭。	卷390，19622頁。
蒼溪縣	四川統部保寧府	縣	蒼溪縣城，周三里五分，門四。明成化中土築，正德中甃石，本朝康熙六十年修，乾隆三十六年重修。	卷390，19622頁。
南部縣	四川統部保寧府	縣	南部縣城，周二里七分，門四。明萬曆中建，本朝順治四年修，乾隆四十九年、嘉慶十六年重修。	卷390，19622頁。
廣元縣	四川統部保寧府	縣	廣元縣城，周九里，門五。明洪武三十一年因舊址建，本朝乾隆二十九年修，嘉慶元年重修。	卷390，19622頁。
昭化縣	四川統部保寧府	縣	昭化縣城，周二里七分，門三。明正德中因舊址建，本朝乾隆三十一年修。	卷390，19622頁。
巴州	四川統部保寧府	屬州	巴州城，周二里五分，門五。明成化中建，本朝康熙初修，乾隆三十九年、嘉慶十三年重修。	卷390，19622頁。

续表

通江縣	四川統部保寧府	縣	通江縣城，周四里，門三。明成化中土築，正德六年甃石，本朝康熙元年修。	卷390，19622頁。
南江縣	四川統部保寧府	縣	南江縣城，周二里三分，池廣二丈。明正德間建，本朝康熙初修。	卷390，19623頁。
劍州	四川統部保寧府	屬州	劍州城，周二里，門五。明成化中土築，正德中甃石，本朝乾隆二十八年修。	卷390，19623頁。

順慶府

城池名稱	所屬	城池等級	原文	資料出處
順慶府	四川統部	府	順慶府城，周九里七分，門九。明洪武初築，成化初甃磚，本朝康熙年間屢修，乾隆九年重修。南充縣附郭。	卷393，19760頁。
西充縣	四川統部順慶府	縣	西充縣城，周七里，門四。明天順中築，成化中甃磚，本朝乾隆三十年修，嘉慶二年重修。	卷393，19760頁。
蓬州	四川統部順慶府	屬州	蓬州城，周四里，門四。明弘治中建，本朝康熙四年修，乾隆三十一年重修。	卷393，19760頁。

续表

營山縣	四川統部順慶府	縣	營山縣城，周四里九分，門四，池廣一丈。明成化中築，正德中甃磚，本朝康熙四十四年修，嘉慶元年重修。	卷393，19760頁。
儀隴縣	四川統部順慶府	縣	儀隴縣城，周三里五分，門四。明正德中建，本朝乾隆三十一年修。	卷393，19760頁。
廣安州	四川統部順慶府	屬州	廣安州城，周六里，門四。明成化中建，本朝雍正中修，乾隆十八年、三十年、五十一年重修。	卷393，19760頁。
鄰水縣	四川統部順慶府	縣	鄰水縣城，周四里有奇，門四。明成化初建，本朝康熙四十三年修，乾隆三十年重修。	卷393，19760頁。
岳池縣	四川統部順慶府	縣	岳池縣城，周四里三分，門四。明天順中築，成化中甃磚，本朝乾隆三十年修。	卷393，19760頁。

敘州府

城池名稱	所屬	城池等級	原文	資料出處
敘州府	四川統部	府	敘州府城，周六里，門六，東南瀕大江，西北池廣五丈。明洪武初因舊址建，本朝乾隆二十七年修，嘉慶十六年重修。宜賓縣附郭。	卷395，19859頁。

续表

慶符縣	四川統部叙州府	縣	慶符縣城，周三里五分，門四。明成化初建。	卷395，19859頁。
富順縣	四川統部叙州府	縣	富順縣城，周五里有奇，門七。明天順中因舊土城甃石，本朝乾隆三十一年修，嘉慶五年、十年重修。	卷395，19859頁。
南溪縣	四川統部叙州府	縣	南溪縣城，周六里七分有奇，門七，南臨江，東、西、北池廣二丈。明天順中建，本朝乾隆二十九年修。	卷395，19859頁。
長寧縣	四川統部叙州府	縣	長寧縣城，周六里，門四，外環以池。明成化中因舊土城甃石。	卷395，19859頁。
高縣	四川統部叙州府	縣	高縣城，周二里，門四。明景泰初築，成化初甃石，本朝乾隆三十二年修，嘉慶十四年重修。	卷395，19859頁。
筠連縣	四川統部叙州府	縣	筠連縣城，周一里六分，門四，池廣一丈。明景泰初築，成化二年甃石，本朝康熙八年修。	卷395，19859頁。
珙縣	四川統部叙州府	縣	珙縣城，周二里，門四。明天順中築於麟鳳山，本朝康熙中遷今所，乾隆三十五年甃石。	卷395，19860頁。

续表

興文縣	四川統部敘州府	縣	興文縣城，周一里五分，門四。明洪武中因舊土城甃石。	卷 395，19860 頁。
隆昌縣	四川統部敘州府	縣	隆昌縣城，周四里三分，門四。明隆慶中建，本朝康熙六年修，嘉慶五年重修。	卷 395，19860 頁。
屏山縣	四川統部敘州府	縣	屏山縣城，周二里，門五。明隆慶中建，本朝乾隆十五年修，四十六年、嘉慶二年、十四年重修。	卷 395，19860 頁。
馬邊廳	四川統部敘州府	廳	馬邊廳城，周二里有奇，門四。明萬曆中建，本朝嘉慶八年修，十七年重修。	卷 395，19860 頁。
雷波廳	四川統部敘州府	廳	雷波廳城，周三里三分。本朝雍正八年建。	卷 395，19860 頁。

夔州府

城池名稱	所屬	城池等級	原文	資料出處
夔州府	四川統部	府	夔州府城，周五里四分，門五，北依山，東、西、南瀕江。明成化十年建，本朝康熙二十三年修，乾隆二十三年重修。奉節縣附郭。	卷 397，19960 頁。

续表

巫山縣	四川統部夔州府	縣	巫山縣城，周三里二分，門四。明正德中建，本朝乾隆三十二年修。	卷397，19960頁。
雲陽縣	四川統部夔州府	縣	雲陽縣城，周八里三分，門四。明正德中建，本朝乾隆三十一年修，嘉慶八年重修。	卷397，19960頁。
萬縣	四川統部夔州府	縣	萬縣城，周五里，門三。成化二十二年因舊土城建，本朝乾隆三十四年修，五十四年重修。	卷397，19960頁。
開縣	四川統部夔州府	縣	開縣城，周三里有奇，門五，池廣一丈。明成化中建，本朝乾隆三十二年修，嘉慶十三年重修。	卷397，19961頁。
大寧縣	四川統部夔州府	縣	大寧縣城，周三里五分，門四。明正德初建，本朝乾隆三十四年修。	卷397，19961頁。

龍安府

城池名稱	所屬	城池等級	原文	資料出處
龍安府	四川統部	府	龍安府城，周九里三分，門四，外環以池。明宣德五年建，本朝嘉慶五年修。平武縣附郭。	卷399，20053頁。

续表

江油縣	四川統部龍安府	縣	江油縣城，周三里有奇，門三。明天順六年築，正德中甃石，本朝雍正初修，乾隆二十四年、嘉慶十一年重修。	卷 399，20053 頁。
石泉縣	四川統部龍安府	縣	石泉縣城，周二里，門三。明天啓中因宋舊址甃石，本朝乾隆元年修，十七年重修。	卷 399，20053 頁。
彰明縣	四川統部龍安府	縣	彰明縣城，周四里四分，門四，外環以池。明正德中建，本朝雍正七年修，嘉慶四年重修。	卷 399，20053 頁。

寧遠府

城池名稱	所屬	城池等級	原文	資料出處
寧遠府	四川統部	府	寧遠府城，周九里三分，門四。明洪武中築，宣德二年甃石，本朝乾隆三十一年修，嘉慶十六年重修。西昌縣附郭。	卷 400，20110 頁。
冕寧縣	四川統部寧遠府	縣	冕寧縣城，周六里一分，門四，池廣三丈。明洪武中築，永樂三年甃石。	卷 400，20110 頁。

续表

鹽源縣	四川統部寧遠府	縣	鹽源縣城，周四里有奇，門四，池廣二丈五尺。明洪武二十五年修。	卷400，20111頁。
會理州	四川統部寧遠府	屬州	會理州城，周七里三分，門四，池廣一丈。明洪武中築，永樂中甃石，本朝乾隆三十二年修，五十一年重修。	卷400，20111頁。
越嶲廳	四川統部寧遠府	屬廳	越嶲廳城，周七里一分，門四，池廣三丈。明洪武初築，永樂初甃石，本朝乾隆三十一年修，五十三年重修。	卷400，20111頁。

雅州府

城池名稱	所屬	城池等級	原文	資料出處
雅州府	四川統部	府	雅州府城，周五里，池深一丈，廣八尺。明洪武中建，舊門四。本朝乾隆二十九年修，西北隅增設一門，嘉慶六年重修。雅安縣附郭。	卷402，20182頁。
名山縣	四川統部雅州府	縣	名山縣城，周四里七分，門四。明正統中築，本朝康熙三年甃石，雍正元年修，乾隆二十九年重修。	卷402，20182頁。

续表

榮經縣	四川統部雅州府	縣	榮經縣城，周三里，門四。明成化中建，本朝五十一年修，嘉慶四年重修。	卷402，20182頁。
蘆山縣	四川統部雅州府	縣	蘆山縣城，周五里，外環以池。蜀漢姜維築土城，周二里。明成化中拓建，本朝乾隆三十五年修。	卷402，20182頁。
天全州	四川統部雅州府	屬州	天全州城，周三里八分，門五。明洪武中築，本朝乾隆三十三年甃石。	卷402，20182頁。
清溪縣	四川統部雅州府	縣	清溪縣城，周九里七分，門四。明初因唐故址甃石，本朝乾隆十一年修，五十一年重修。	卷402，20182頁。
打箭爐廳	四川統部雅州府	屬廳	打箭爐城，周一百四十五丈，門五，倚山甃石。本朝雍正八年建。	卷402，20182頁。

嘉定府

城池名稱	所屬	城池等級	原文	資料出處
嘉定府	四川統部	府	嘉定府城，周十一里有奇，門十，北倚山，東南臨江。宋開禧中建，明正德十三年始於東、南二面築石堤，深、厚皆八尺餘，以捍江水。嘉靖二年增築西北隅。本朝康熙四年修，乾隆十四年、嘉慶九年重修。樂山縣附郭。	卷404，20261頁。
峨眉縣	四川統部嘉定府	縣	峨眉縣城，周八里，門六，外環以池。舊土築，明正德中甃石，本朝康熙三年修，雍正九年、乾隆二十五年重修。	卷404，20262頁。
洪雅縣	四川統部嘉定府	縣	洪雅縣城，周五里八分，門六，外環以池。明成化中築，正德八年甃石，本朝康熙三年修，雍正七年、嘉慶三年重修。	卷404，20262頁。
夾江縣	四川統部嘉定府	縣	夾江縣城，周五里，門五，西南倚青衣水支流，東北即八堰之水環城而下，因以爲池。明正德中建，本朝康熙三年修，乾隆三十五年重修。	卷404，20262頁。
犍爲縣	四川統部嘉定府	縣	犍爲縣城，周四里四分，門九，池廣五尺。明正德中建，本朝康熙二十五年修，乾隆三十一年、嘉慶元年重修。	卷404，20262頁。

续表

榮縣	四川統部嘉定府	縣	榮縣城，周五里五分，門五。明成化中建，本朝乾隆二十年、四十四年、嘉慶二年屢修。	卷404，20262頁。
威遠縣	四川統部嘉定府	縣	威遠縣城，周二里有奇，門四。明正德初建，本朝雍正八年修，乾隆三十五年重修。	卷404，20262頁。
峨邊廳	四川統部嘉定府	屬廳	周一里，門二。本朝乾隆五十五年築。	卷404，20262頁。

潼川府

城池名稱	所屬	城池等級	原文	資料出處
潼川府	四川統部	府	潼川府城，周九里，門四，池廣四丈，引西溪水注之。明天順中因舊址建，本朝乾隆三十一年修。三臺縣附郭。	卷406，20354頁。
射洪縣	四川統部潼川府	縣	射洪縣城，周五里，門四，外環以池。明天順中築，成化二十一年甃石，本朝乾隆三十二年修，嘉慶五年重修。	卷406，20354頁。

续表

鹽亭縣	四川統部潼川府	縣	鹽亭縣城，周二里六分，門四，東臨彌江，西、南、北浚池。明成化中築，正德中甃石，本朝嘉慶二年修。	卷406，20354頁。
中江縣	四川統部潼川府	縣	中江縣城，周七里，門五，西南瀕江，東北浚池。明天順八年建，本朝康熙五十三年修，乾隆三十四年重修。	卷406，20355頁。
遂寧縣	四川統部潼川府	縣	遂寧縣城，周十里，門四，池廣二丈，引明月堰水注之。明正德中因舊址建，本朝乾隆八年修，五十六年重修。	卷406，20355頁。
蓬溪縣	四川統部潼川府	縣	蓬溪縣城，周五里，門四，舊倚赤城山，半在絕險。明正德六年移築溪南，本朝嘉慶二年甃石。	卷406，20355頁。
安岳縣	四川統部潼川府	縣	安岳縣城，周三里，門四。明成化初築，正德七年甃石，本朝乾隆三年修。	卷406，20355頁。
樂至縣	四川統部潼川府	縣	樂至縣城，周四里有奇，門四，外環以池。明正德中建，本朝康熙四十一年修，乾隆八年、二十二年重修。	卷406，20355頁。

綏定府

城池名稱	所屬	城池等級	原文	資料出處
綏定府	四川統部	府	綏定府城，周四里，門四。明成化二十一年築，弘治中甃石，本朝乾隆三十三年修，嘉慶十七年重修。達縣附郭。	卷 408，20457 頁。
東鄉縣	四川統部綏定府	縣	東鄉縣城，周三里，門五。明成化十九年建，本朝康熙四十四年修，雍正六年、嘉慶十六年重修。	卷 408，20457 頁。
新寧縣	四川統部綏定府	縣	新寧縣城，周四里有奇，門四。明成化中建，本朝嘉慶八年修。	卷 408，20457 頁。
渠縣	四川統部綏定府	縣	渠縣城，周三里七分，門四，外環以池。明成化中築，正德中甃石，本朝康熙二年修。	卷 408，20457 頁。
大竹縣	四川統部綏定府	縣	大竹縣城，周三里四分，門五，池廣一丈。明成化初建，本朝康熙六年修，乾隆五十九年、嘉慶二年重修。	卷 408，20457 頁。

眉州

城池名稱	所屬	城池等級	原文	資料出處
眉州	四川統部	直隸州	眉州城，周十里三分，門四。唐時建，明成化中甃石，本朝康熙二十四年修，嘉慶元年重修。	卷 410，20523 頁。
丹稜縣	四川統部眉州	縣	丹稜縣城，周三里，門四。明成化中築。正德中甃石，西枕龍溪，南濱滄浪，東北皆山無池。本朝康熙三十三年修，乾隆十年、二十五年、嘉慶十三年重修。	卷 410，20523 頁。
彭山縣	四川統部眉州	縣	彭山縣城，周六里，門四，外環以池。明成化中築，正德中甃石，本朝乾隆二十年修，五十九年重修。	卷 410，20524 頁。
青神縣	四川統部眉州	縣	青神縣城，周五里四分，門四，外環以池。明天順中築，嘉靖初甃石，本朝乾隆二十八年修，嘉慶十四年重修。	卷 410，20524 頁。

邛州

城池名稱	所屬	城池等級	原文	資料出處
邛州	四川統部	直隸州	邛州城，周七里七分，門四。明成化中築，正德中甃石，本朝康熙三十二年修，乾隆三十年重修。	卷 411，20578 頁。

续表

大邑縣	四川統部邛州	縣	大邑縣城，周八里，門四，外環以池。明正統初築，正德中甃石，本朝乾隆三十六年修。	卷411，20578頁。
蒲江縣	四川統部邛州	縣	蒲江縣城，周三里三分，門四，外環以池。明天順中築，正德中甃石，本朝乾隆三十二年修。	卷411，20578頁。

瀘州

城池名稱	所屬	城池等級	原文	資料出處
瀘州	四川統部	直隸州	瀘州城，周六里九分，門六。宋政和中築，明洪武初甃石，本朝康熙四十七年修，乾隆二十二年重修。	卷412，20618頁。
納溪縣	四川統部瀘州	縣	納溪縣城，周一里七分，門四，外環以池。宋紹定初築，明永樂中甃石，本朝康熙五十一年修，乾隆十年、嘉慶七年、九年重修。	卷412，20618頁。
合江縣	四川統部瀘州	縣	合江縣城，周一里八分，門五。明天順中築，成化中甃石，本朝康熙十三年修，乾隆二十六年、嘉慶十五年重修。	卷412，20618頁。
江安縣	四川統部瀘州	縣	江安縣城，周六里，門七，外環以池。宋土築，明成化初甃石。本朝康熙、雍正年間修，乾隆二十五年、嘉慶元年重修。	卷412，20618頁。

資州

城池名稱	所屬	城池等級	原文	資料出處
資州	四川統部	直隸州	資州城，周五里有奇，門九，外環以池。西魏時築，明弘治中甃石，本朝康熙初修，乾隆三十八年重修。	卷413，20663頁。
資陽縣	四川統部資州	縣	資陽縣城，周八里一分，門四，外環以池。明成化中築，嘉靖中甃石，本朝乾隆五年修，二十八年、三十五年重修。	卷413，20663頁。
内江縣	四川統部資州	縣	内江縣城，周九里三分，門八，舊土築。明成化中甃石。本朝順治十七年修，外環以池。乾隆三十五年、五十二年、嘉慶二年重修。	卷413，20663頁。
仁壽縣	四川統部資州	縣	仁壽縣城，舊有石城，三百餘丈，環東、西、南三面，餘皆倚山，今止存石墻七十五丈，高一丈五尺，門一。本朝乾隆五十一年於縣治前建四石坊以象四門。	卷413，20663頁。
井研縣	四川統部資州	縣	井研縣城，周三里五分。明成化中築，弘治中甃石，門四。正德間於西北增置門一，外環以池。本朝康熙五年修，乾隆二十四年、嘉慶五年重修。	卷413，20664頁。

綿州

城池名稱	所屬	城池等級	原文	資料出處
綿州	四川統部	直隸州	綿州城，周九里有奇，門四。宋時築，明成化初甃石，本朝順治初修，嘉慶五年、九年重修。	卷414，20731頁。
德陽縣	四川統部綿州	縣	德陽縣城，周七里三分，門五，池廣一丈。明天順初建，本朝乾隆三十七年修。	卷414，20731頁。
羅江縣	四川統部綿州	縣	羅江縣城，周四里三分，門四。明成化初土築，正德中甃石，本朝乾隆三十五年修。	卷414，20731頁。
安縣	四川統部綿州	縣	安縣城，周三里，門四，池廣一丈。明成化中建，本朝乾隆三十五年修，四十九年重修。	卷414，20731頁。
綿竹縣	四川統部綿州	縣	綿竹縣城，周三里九分，門五。明天順初建，本朝乾隆三十七年修。	卷414，20732頁。
梓潼縣	四川統部綿州	縣	梓潼縣城，周三里二分，門四。明成化中建，本朝乾隆三十七年修。	卷414，20731頁。

茂州

城池名稱	所屬	城池等級	原文	資料出處
茂州	四川統部	直隸州	茂州城，有内外二城，内城周三里七分，門四，明洪武初建；外城周五里，門二，成化中建。本朝康熙六年修，五十六年重修。	卷415，20802頁。
汶川縣	四川統部茂州	縣	汶川縣城，周不及一里，門二。明正德七年建，本朝乾隆二十九年修。	卷415，20802頁。

忠州

城池名稱	所屬	城池等級	原文	資料出處
忠州	四川統部	直隸州	忠州城，周五里三分，門五。明洪武中因舊址建。	卷416，20835頁。
酆都縣	四川統部忠州	縣	酆都縣城，周三里三分，門五。明天順中建，本朝嘉慶四年修。	卷416，20835頁。
墊江縣	四川統部忠州	縣	墊江縣城，周五里五分，門四，外環以池。明成化初建，本朝嘉慶四年修。	卷416，20835頁。

续表

梁山縣	四川統部忠州	縣	梁山縣城，周五里二分，門四。明成化中建，本朝乾隆三十三年修，嘉慶三年重修。	卷 416，20835 頁。

酉陽州

城池名稱	所屬	城池等級	原文	資料出處
酉陽州	四川統部	直隸州	酉陽州城，未建。	卷 417，20885 頁。
秀山縣	四川統部酉陽州	縣	秀山縣城，周三里，門四。本朝乾隆二年築，嘉慶元年甃石。	卷 417，20885 頁。
黔江縣	四川統部酉陽州	縣	黔江縣城，周三里五分，門四，外環以池。明洪武中建，本朝康熙二十四年修，嘉慶三年重修。	卷 417，20885 頁。
彭水縣	四川統部酉陽州	縣	彭水縣城，周二里四分，門五。明嘉靖中建。	卷 417，20885 頁。

敘永廳

城池名稱	所屬	城池等級	原文	資料出處
敘永廳	四川統部	直隸廳	敘永廳城，有東西二城，東城在永寧河東，舊爲永寧縣治，周二里四分有奇，水門一；西城在河西，舊爲永寧衛治，周三里七分有奇，門五，水門二，皆明洪武五年建。本朝康熙四年修，乾隆三十三年、三十六年重修，以東城爲廳治，西城爲縣治。	卷418，20919頁。

松潘廳

城池名稱	所屬	城池等級	原文	資料出處
松潘廳	四川統部	直隸廳	松潘廳城，周九里七分，門五，東南面平，西北枕山，大江貫其中，城南有外城，周二里，門三。明洪武十七年建，本朝乾隆三十六年修。	卷419，20945頁。

石砫廳

城池名稱	所屬	城池等級	原文	資料出處
石砫廳	四川統部	直隸廳	石砫廳城，未建。	卷420，120981頁。

雜谷廳

城池名稱	所屬	城池等級	原文	資料出處
雜谷廳	四川統部	直隸廳	雜谷廳城，周三里有奇，門四。即舊保縣城，本朝乾隆四年建。	卷 421，20998 頁。

太平廳

城池名稱	所屬	城池等級	原文	資料出處
太平廳	四川統部	直隸廳	太平廳城，周一里有奇，門四。明正德十年築，本朝嘉慶十年修。	卷 422，21020 頁。

懋功廳

城池名稱	所屬	城池等級	原文	資料出處
懋功屯務廳	四川統部	直隸廳	懋功屯務廳城，舊無城垣，四山壁立，數水箭流，西南以三關橋爲津，西北以石門卡爲隘，本朝嘉慶十三年於石門卡外沿河偏崖甃石垣五里許。	卷 423，21044 頁。

福建統部

福州府

城池名稱	所屬	城池等級	原文	資料出處
福州府	福建統部	府	福州府城，周十里，門七，水關四，東南有濠，北面倚山。明洪武四年因舊址建，本朝順治十八年修，康熙三十年、雍正九年、乾隆十六年、嘉慶十七年重修，二十二年重浚城内河道，以通湖水。閩縣、侯官縣附郭。	卷 425，21141 頁。
長樂縣	福建統部福州府	縣	長樂縣城，周五里，門五，水關五，西引江潮，東接溪水。明嘉靖三十一年因舊址建，本朝乾隆二年修，二十五年重修。	卷 425，21142 頁。
福清縣	福建統部福州府	縣	福清縣城，舊城周五里一百八十六步，門四，水關二。明正德八年建，萬曆二十二年拓北城於山巔，移舊城東西四百餘丈，增新城二百餘丈。本朝雍正十一年修，乾隆十五年重修。	卷 425，21142 頁。

续表

連江縣	福建統部福州府	縣	連江縣城，周四里，門四，小門三，水關三。明嘉靖二十年建，三十七年鑿城濠廣一丈二尺。本朝雍正三年圮於水，五年修，乾隆五年建水門四。	卷 425，21142 頁。
羅源縣	福建統部福州府	縣	羅源縣城，周四里，門五，水關二。明弘治中土築，萬曆七年甃石，本朝康熙四十年修，雍正十年、乾隆二十四年重修。	卷 425，21142 頁。
古田縣	福建統部福州府	縣	古田縣城，周七里，門四，水門五，西北跨山，東南濱溪。明弘治十三年建，萬曆二十五年增建，本朝乾隆五年修，嘉慶二十一年重修。	卷 425，21142 頁。
屏南縣	福建統部福州府	縣	屏南縣城，周三里，長六百七十五丈，門四。本朝雍正十二年建，乾隆十八年修。	卷 425，21142 頁。
閩清縣	福建統部福州府	縣	閩清縣城，周二里三百步，門四，水門一。本朝順治十八年建，雍正十一年修。	卷 425，21142 頁。
永福縣	福建統部福州府	縣	永福縣城，周三里三百四十步，門四，水門一。明萬曆十七年建，本朝康熙十九年修，雍正十年、乾隆二十六年重修。	卷 425，2113 頁。

興化府

城池名稱	所屬	城池等級	原文	資料出處
興化府	福建統部	府	興化府城，周十一里，門四，左引壽溪水，右引木蘭溪水爲濠，西北負山鑿爲旱濠。宋太平興國八年建，明洪武十二年、萬曆九年先後拓建。本朝雍正八年修，嘉慶四年重修。莆田縣附郭。	卷427，21292頁。
仙游縣	福建統部興化府	縣	仙游縣城，周六里一百六十四步，門四。宋乾道中土築，明正德八年甃磚，嘉靖二年砌石。本朝順治十二年修，乾隆十二年重修。	卷427，21292頁。

泉州府

城池名稱	所屬	城池等級	原文	資料出處
泉州府	福建統部	府	泉州府城，周三十里，門六，水門三。唐天祐中建，元至正十二年拓建，明萬曆三十二年重建。本朝順治十五年修，康熙三年、十七年、雍正九年、乾隆十六年、嘉慶五年重修。晋江縣附郭。	卷428，21386頁。

续表

南安縣	福建統部泉州府	縣	南安縣城，周七百七十四丈，門四，引萬石陂水環城爲濠。明嘉靖三十八年建，本朝順治十三年重建，康熙三年修，乾隆十一年重修。	卷428，21386頁。
惠安縣	福建統部泉州府	縣	惠安縣城，周九百八十六丈，門四，濠周一千二十丈。明嘉靖三十一年建，萬曆三十八年重建，本朝順治四年修，康熙十七年、乾隆十六年重修。	卷428，21386頁。
同安縣	福建統部泉州府	縣	同安縣城，周八百四十六丈，門五，各爲重門，濠周一千九十六丈。宋紹興十五年建，明景泰元年重建，本朝順治十二年修，康熙十七年、二十四年、乾隆二十二年重修。	卷428，21386頁。
安溪縣	福建統部泉州府	縣	安溪縣城，周六百二十六丈，門四，水門三。明嘉靖四十一年建，本朝順治十三年重建，雍正二年修，乾隆五年、十六年重修。	卷428，21386頁。

漳州府

城池名稱	所屬	城池等級	原文	資料出處
漳州府	福建統部	府	漳州府城，周十里三百四十二步，門四，南北水門二，南臨大溪，北依山溝，東西浚濠。宋咸平中建，本朝順治十二年重建，康熙三十六年修，雍正十年、乾隆二年、嘉慶十二年重修。龍溪縣附郭。	卷422，21519頁。

续表

漳浦縣	福建統部漳州府	縣	漳浦縣城，周九里三百五十六步，門四，東西水門二。宋乾道中建，本朝順治十二年重建，康熙四十六年修，雍正二年、乾隆十二年重修。	卷422，21519頁。
海澄縣	福建統部漳州府	縣	海澄縣城，周三里三百二十四步，門四。明嘉靖三十六年建，本朝康熙二十七年修，雍正七年、乾隆十二年重修。	卷422，21519頁。
南靖縣	福建統部漳州府	縣	南靖縣城，周三里一百七十四步，門四。元至正十六年土築，明嘉靖六年甃石，本朝順治十二年重建，乾隆十二年修。	卷422，21519頁。
長泰縣	福建統部漳州府	縣	長泰縣城，周五里二十三步，門四，東臨溪，南浚濠，西北因山爲塹。宋端平中土築，明正德十三年甃石，本朝順治十二年修，乾隆十二年重修。	卷422，21519頁。
平和縣	福建統部漳州府	縣	平和縣城，周三里一百十二步，門四，水門二。明正德十四年建，本朝順治十二年重建。	卷422，21519頁。
詔安縣	福建統部漳州府	縣	詔安縣城，周三里二百八十六步，門四。明弘治十七年因舊址拓建，本朝順治十二年重建，康熙六十年修，雍正七年、乾隆十二年重修。	卷422，21520頁。

延平府

城池名稱	所屬	城池等級	原文	資料出處
延平府	福建統部	府	延平府城，周九里一百八十步，門八，東南臨建溪，西臨樵川，西北臨山澗，東北環高岡。宋時建，本朝乾隆五十八年修。南平縣附郭。	卷430，21621頁。
順昌縣	福建統部延平府	縣	順昌縣城，周四里三百二十六步，門五。明正德元年建，本朝順治五年修，康熙二十年、四十五年重修。	卷430，21621頁。
將樂縣	福建統部延平府	縣	將樂縣城，周九里有奇，門六。元至正四年建，本朝雍正六年修。	卷430，21621頁。
沙縣	福建統部延平府	縣	沙縣城，周六里有奇，門五，水門四，東西門俱臨太史溪。明弘治四年建，本朝雍正八年修。	卷430，21621頁。
尤溪縣	福建統部延平府	縣	尤溪縣城，周八里，門六。明弘治四年建，嘉靖六年改建，本朝康熙四十九年修，雍正八年重修。	卷430，21621頁。
永安縣	福建統部延平府	縣	永安縣城，周五里三十步，門四，負山阻溪，獨南門鑿池，注水爲濠。明正統十四年建，本朝雍正六年修。	卷430，21621頁。

建寧府

城池名稱	所屬	城池等級	原文	資料出處
建寧府	福建統部	府	建寧府城，周十一里一百九十八步，門九，正北依山，西南濱大溪，濠長五百三十一丈，廣五丈五尺。元至正十二年因故址建，明洪武初增建，本朝康熙元年修，乾隆五十八年重修。建安縣、甌寧縣附郭。	卷431，21725頁。
建陽縣	福建統部建寧府	縣	建陽縣城，周十里九十六步，門四，濠廣二丈。元至正中因故址土築，明弘治元年甃石。	卷431，21725頁。
崇安縣	福建統部建寧府	縣	崇安縣城，周五里有奇，門四。明隆慶二年建，本朝順治十五年修，康熙二年重修。	卷431，21725頁。
浦城縣	福建統部建寧府	縣	浦城縣城，周十里，門五。元至正二十三年土築，明正統十四年增築，成化六年甃石，本朝順治四年修，乾隆七年、嘉慶十五年重修。	卷431，21726頁。
松溪縣	福建統部建寧府	縣	松溪縣城，周五里一百十步，門四，水門二。明嘉靖六年建，本朝順治十六年修，康熙二年、二十五年重修。	卷431，21726頁。
政和縣	福建統部建寧府	縣	政和縣城，周四里二百四十六步，門五，水門四。明萬曆四年建，本朝康熙三年修。	卷431，21726頁。

邵武府

城池名稱	所屬	城池等級	原文	資料出處
邵武府	福建統部	府	邵武府城，周十一里一百六十六步，門四，濠東西南深一丈五尺有奇，北臨大溪，廣四十二丈。元至正十二年建，本朝順治五年修，康熙六年、雍正九年、嘉慶十八年重修。邵武縣附郭。	卷432，21824頁。
光澤縣	福建統部邵武府	縣	光澤縣城，周三里二百二步，門四，水門四。明嘉靖三十九年建，本朝康熙五年修，雍正六年、乾隆十四年、嘉慶十八年重修。	卷432，21824頁。
建寧縣	福建統部邵武府	縣	建寧縣城，周四里一百四十六步，門六，水門四。宋咸淳二年建，本朝康熙五年修，乾隆八年、十三年、十八年重修。	卷432，21824頁。
泰寧縣	福建統部邵武府	縣	泰寧縣城，周三里三百三十八步，門四，三面距河。明嘉靖中建，本朝乾隆二十四年修。	卷432，21824頁。

汀州府

城池名稱	所屬	城池等級	原文	資料出處
汀州府	福建統部	府	汀州府城，周五里二百五十四步，門六，濠廣一丈五尺。唐大曆四年建，明崇禎四年拓建，本朝康熙三十六年修。長汀縣附郭。	卷434，21895頁。
寧化縣	福建統部汀州府	縣	寧化縣城，周四里一百六十四步，門四，正北負山，三面臨溪。宋端平中建，明正德九年重建，本朝順治七年修。	卷434，21895頁。
清流縣	福建統部汀州府	縣	清流縣城，周二里一百六十步有奇，門四。明正德四年建。	卷434，21895頁。
歸化縣	福建統部汀州府	縣	歸化縣城，周四里九十步，門四，南北水關二。明正德九年建，嘉靖三十七年重建，本朝康熙二十年修。	卷434，21895頁。
連城縣	福建統部汀州府	縣	連城縣城，周四里八十步有奇，門四，水門二。宋紹興中建，明正德四年重建。	卷434，21895頁。
上杭縣	福建統部汀州府	縣	上杭縣城，周七里三百三十六步，門七，濠廣二丈。明成化二年建，本朝康熙二年修，乾隆元年、二十八年重修。	卷434，21895頁。

续表

武平縣	福建統部汀州府	縣	武平縣城，周四里八十四步，門四，東西水門二。宋紹興中建，明弘治十四年拓建，本朝順治中修，康熙初重修。	卷434，21895頁。
永定縣	福建統部汀州府	縣	永定縣城，周四里一百十二步有奇，門四，濠廣二丈餘。明弘治五年建，本朝順治三年修，康熙四十八年、雍正八年重修。	卷434，21896頁。

福寧府

城池名稱	所屬	城池等級	原文	資料出處
福寧府	福建統部	府	福寧府城，周四里，門四，東北隅水門一，濠廣三丈。明洪武四年建，本朝順治十八年修，乾隆十二年、十五年、二十四年重修。霞浦縣附郭。	卷436，21997頁。
福鼎縣	福建統部福寧府	縣	福鼎縣城，周二里有奇，門四，城根水竇四。明嘉靖三十八年築堡，本朝乾隆四年建。	卷436，21997頁。
福安縣	福建統部福寧府	縣	福安縣城，周四里一百五十四步，門六。明正德元年建，本朝順治十八年修，康熙五十六年、雍正三年、乾隆九年、十六年重修。	卷436，21997頁。

续表

寧德縣	福建統部福寧府	縣	寧德縣城，周三里二百六十四步，門五，濠周四里有奇。明正德元年建，本朝雍正九年修，乾隆二十五年重修。	卷436，21998頁。
壽寧縣	福建統部福寧府	縣	壽寧縣城，周四里一百步，門四，水門二。明弘治三年建，本朝乾隆十一年修，二十五年重修。	卷436，21998頁。

臺灣府

城池名稱	所屬	城池等級	原文	資料出處
臺灣府	福建統部	府	臺灣府城，本朝雍正三年建栅城，周十一里三百三十四步，門七。乾隆元年易七門以石，雉堞釘鐵皮，樓護女墻。五十三年改築土城，周二千五百二十丈，高一丈八尺，以西面濱海，按舊基收進一百五十餘丈。臺灣縣附郭。城東門樓上舊祀關帝，乾隆五十三年臺匪林爽文等滋事，官軍渡海，咸睹神像，尋即□功，七月奉旨重修，御書匾額曰："神威翊應。"	卷437，22069頁。

续表

鳳山縣	福建統部臺灣府	縣	鳳山縣城，在興隆莊龜山之麓，本朝康熙六十年建土城，圍以刺竹，周四里一百八十步，門四，有濠。乾隆五十三年移建竹城於埤頭，而於此地建龜山石卡，駐兵防守。嘉慶十二年仍還舊治，改築石城，周八百丈，高一丈八尺，建立炮臺，門四，有樓。	卷 437，22069 頁。
嘉義縣	福建統部臺灣府	縣	嘉義縣城，本朝康熙四十三年建柵城，雍正元年土築，周四里一百五十步，門四，濠廣三丈，五年建城門樓，十二年於土城外環植刺竹。乾隆六十二年重建，周七百四十四丈有奇，高一丈八尺。	卷 437，22069 頁。
彰化縣	福建統部臺灣府	縣	彰化縣城，本朝雍正十二年環植刺竹，周四里一百十八步，門四。嘉慶十六年甃以磚石，周一千二十八丈，高一丈八尺，並於城之四面及八卦山頂添設炮臺五座。	卷 437，22069 頁。
澎湖廳	福建統部臺灣府	屬廳	澎湖廳城，在臺灣縣西澎湖大山嶼西澳。本朝康熙五十六年建。	卷 437，22070 頁。
淡水廳	福建統部臺灣府	屬廳	淡水廳城，在彰化縣北竹塹。本朝雍正十一年環植刺竹，周二里一百六十步，門四，有樓。	卷 437，22070 頁。

续表

噶瑪蘭城	福建統部臺灣府		噶瑪蘭城，在淡水廳所轄三貂溪東五圍。本朝嘉慶十六年栽九芎樹爲城，東西南北相距各一百八十丈，門四，有樓。	卷437，22070頁。

永春州

城池名稱	所屬	城池等級	原文	資料出處
永春州	福建統部	直隸州	永春州城，周二里三百三十六步，門四，環城有濠，西南隅濱溪。明嘉靖四十三年建，本朝順治十二年修，乾隆十二年、十六年重修。	卷438，22126頁。
德化縣	福建統部永春州	縣	德化縣城，周三里三百二十步，門四。明嘉靖三十六年建，本朝康熙十五年修，二十六年、乾隆十年重修。	卷438，22126頁。
大田縣	福建統部永春州	縣	大田縣城，周三里三百二十步，門四，西有小溪，環城而南繞入於北。明嘉靖十五年建，本朝乾隆二十年修。	卷438，22126頁。

龍巖州

城池名稱	所屬	城池等級	原文	資料出處
龍巖州	福建統部	直隸州	龍巖州城，周六里二十四步，門五，水門一。宋紹定間建，明成化八年拓建，本朝順治十四年修，康熙二十年、五十二年、雍正九年、乾隆元年、二十六年重修。	卷439，22166頁。
漳平縣	福建統部龍巖州	縣	漳平縣城，周三里一百六十步，門四，水門三，南北臨溪，東西疏渠。明正德九年建，本朝康熙十九年修，乾隆二年重修。	卷439，22166頁。
寧洋縣	福建統部龍巖州	縣	寧洋縣城，周二里二百四十步，門四，西、南、北三面臨溪。明隆慶元年建，本朝順治十三年重建，康熙二十三年修。	卷439，22166頁。

廣東統部

廣州府

城池名稱	所屬	城池等級	原文	資料出處
廣州府	廣東統部	府	廣州府城，舊有三城，明洪武中合爲一，周二十一里三十二步，門八，池周二千三百五十六丈五尺。嘉靖間增築新城，長一千一百二十四丈，前臨珠江。本朝順治四年建東西翼城，各長二十餘丈。康熙九年修，乾隆八年、十二年、十六年、嘉慶五年、十二年重修。南海、番禺兩縣附郭。	卷441，22319頁。
順德縣	廣東統部廣州府	縣	順德縣城，周六百五十五丈，門四，東南北引碧鑒海爲池，西跨金榜山。明景泰間土築，隆慶中甃石，本朝康熙五十三年修，雍正十三年重修。	卷441，22319頁。
東莞縣	廣東統部廣州府	縣	東莞縣城，周一千二百九十九丈，門四。明洪武中建，本朝雍正三年修，池周一千三百五十丈，乾隆三年、八年、嘉慶二十一年重修。	卷441，22319頁。

续表

從化縣	廣東統部廣州府	縣	從化縣城，周五百八十丈，門四。明弘治中因舊址甃以磚石，本朝康熙二十八年修，池廣一丈六尺。	卷441，22319頁。
龍門縣	廣東統部廣州府	縣	龍門縣城，周四百九十二丈，門四。明弘治九年建，本朝康熙間修。南西北三面枕大溪，東面無水。	卷441，22319頁。
增城縣	廣東統部廣州府	縣	增城縣城，周八百餘丈，門四。明成化五年因元舊址甃石，池周圍同城，本朝康熙間修，乾隆十二年重修。	卷441，22319頁。
新會縣	廣東統部廣州府	縣	新會縣城，周一千六百六十八丈，門四。明洪武十七年因元舊址甃石。天順六年建子城，周一千六百八十八丈，外浚重池，周一千一百二十五丈。本朝順治四年，内外城增高三丈。乾隆十六年修。	卷441，22319頁。
香山縣	廣東統部廣州府	縣	香山縣城，周六百三十丈，門四。明洪武間因舊址拓建，東南池周五百四十七丈，北有長塘廣八十九丈，西枕武山。本朝嘉慶七年修四門城樓。	卷441，22320頁。
三水縣	廣東統部廣州府	縣	三水縣城，周六百七十五丈，門四。明嘉靖六年建，本朝康熙間修，乾隆三年、嘉慶四年重修。	卷441，22320頁。

续表

新寧縣	廣東統部廣州府	縣	新寧縣城，周五百三十丈，門三。明正德中建，池周五百五十丈。本朝順治九年修，康熙九年、雍正十年、乾隆五年重修。	卷441，22320頁。
清遠縣	廣東統部廣州府	縣	清遠縣城，周九百八丈。明成化二年重建，南近大河，東西池各一千四百六十丈，本朝康熙十一年修。	卷441，22320頁。
新安縣	廣東統部廣州府	縣	新安縣城，周五百七十八丈，門四。明洪武二十七年建，池長五百九十二丈。本朝康熙十年修，四十三年、嘉慶二十二年重修。	卷441，22320頁。
花縣	廣東統部廣州府	縣	花縣城，周四百四十丈，門四，東西北三面負山，南面有池。本朝康熙二十四年建，乾隆五十二年修。	卷441，22320頁。

韶州府

城池名稱	所屬	城池等級	原文	資料出處
韶州府	廣東統部	府	韶州府城，周九里三十步，門五，東南池長六百丈，東北池長四百四丈，西臨武水，北倚筆峰山。南漢時建，本朝康熙十六年修北門、添築子城，乾隆十年、嘉慶十三年重修。曲江縣附郭。	卷444，22510頁。

续表

樂昌縣	廣東統部韶州府	縣	樂昌縣城，周三百六十丈，門四，南臨武水，東濱祿溪。明洪武二年建，本朝順治十六年修，雍正七年重修。	卷444，22510頁。
仁化縣	廣東統部韶州府	縣	仁化縣城，周二百八十丈，門四，東臨河，西南北有池，共二百八十五丈。明成化四年建，本朝康熙二十三年修。	卷444，22510頁。
乳源縣	廣東統部韶州府	縣	乳源縣城，周一百八十三丈有奇，門二，南臨河，東西北有池，長七十五丈。明洪武元年建，本朝康熙二年修，二十五年重修。	卷444，22510頁。
翁源縣	廣東統部韶州府	縣	翁源縣城，周四百六十七丈，門三，池廣二丈。明天順六年建，本朝順治十年修，康熙十三年、乾隆二十一年重修。	卷444，22510頁。
英德縣	廣東統部韶州府	縣	英德縣城，周三百四十八丈，門四，西北池一百丈，東南臨江無池。明天順五年建，本朝順治十八年修，乾隆二十九年重修。	卷444，22511頁。

惠州府

城池名稱	所屬	城池等級	原文	資料出處
惠州府	廣東統部	府	惠州府城，周一千三百二十六丈，門七，東南北臨江，西臨湖。明洪武三年建，本朝順治十八年修，康熙二十四年、雍正七年、乾隆八年重修。	卷445，22600頁。

续表

歸善縣	廣東統部惠州府	縣	歸善縣城，周九百四十五丈，門四，東西二江水繞之，與府城隔江，浮橋相連。明萬曆三年建，本朝順治十七年修，康熙二十三年、雍正元年、乾隆四十八年重修。	卷445，22600頁。
博羅縣	廣東統部惠州府	縣	博羅縣城，周九百九十八丈有奇，門五，西南因榕溪爲池，東北倚山。明成化十三年建，弘治九年拓建，本朝康熙六年修，乾隆五年、十六年重修。	卷445，22601頁。
長寧縣	廣東統部惠州府	縣	長寧縣城，周四百八十丈，門三，因山無池。明萬曆初建，本朝康熙七年修，雍正八年重修。	卷445，22601頁。
永安縣	廣東統部惠州府	縣	永安縣城，周六百四十丈，門四，水關二。明隆慶三年建，本朝順治十七年修，康熙二十五年、乾隆十二年、嘉慶十四年重修。	卷445，22601頁。
海豐縣	廣東統部惠州府	縣	海豐縣城，周三百九十丈有奇，門四，池周四百十丈。明洪武二十七年建，本朝雍正十一年修。	卷445，22601頁。
陸豐縣	廣東統部惠州府	縣	陸豐縣城，周三百二十一丈有奇，門四，有池。本朝雍正九年建。	卷445，22601頁。

续表

龍川縣	廣東統部惠州府	縣	龍川縣城，周七百二丈有奇，門四，池廣八丈。明洪武二十一年因舊址建，本朝康熙六年修，二十五年重修。	卷445，22601頁。
連平州	廣東統部惠州府	屬州	連平州城，周六百三十五丈，門四，有溪無池。明崇禎六年建，本朝順治十年修，康熙二十四年、五十七年重修。	卷445，22601頁。
河源縣	廣東統部惠州府	縣	河源縣城，縣治所曰新城，坐桂山臨鱷湖，周七百丈，門四。明萬曆六年因古城舊址建，自東門下經湖堤里許，爲舊城，明初建。本朝乾隆七年並修。	卷445，22601頁。
和平縣	廣東統部惠州府	縣	和平縣城，周六百八十丈，門五，東南有池，長七十三丈，廣八尺。明正德十四年建，嘉靖三十七年拓建，本朝康熙二十四年重修。	卷445，22602頁。

潮州府

城池名稱	所屬	城池等級	原文	資料出處
潮州府	廣東統部	府	潮州府城，周一千七百六十三丈，門七，北繞金山，東臨韓江，城南浚池，引江水繞城至西北，周一千四百十二丈。宋至和初建，本朝雍正九年修，乾隆六年重修。又湖山城，周五百一十五丈，門四，在府城西北隅，中隔城池，康熙十七年建，乾隆三年修。海陽縣附郭。	卷446，22695頁。

续表

潮陽縣	廣東統部潮州府	縣	潮陽縣城，周一千二百六十二丈，門五，池周一千四百五十六丈。元至正十七年土築，明正統十年甃石，本朝順治四年修，康熙六年、雍正三年、乾隆十二年、十六年重修。	卷446，22695頁。
揭陽縣	廣東統部潮州府	縣	揭陽縣城，周一千六百丈，門五，舊水門四，今塞，内外池各長一千六百丈。元至正中建，明弘治間增建，本朝康熙中兩經浚池，乾隆八年修。	卷446，22696頁。
饒平縣	廣東統部潮州府	縣	饒平縣城，周七百二十一丈，門四，北臨溪，東西南三面池長七百五十二丈。明成化中建，本朝順治間修，康熙二十四年、乾隆五年重修。	卷446，22696頁。
惠來縣	廣東統部潮州府	縣	惠來縣城，周七百四十四丈，門四，東西南三面有池，廣二丈七尺。明嘉靖初建，本朝順治十三年增建，雍正四年修，乾隆五年重修。	卷446，22696頁。
大埔縣	廣東統部潮州府	縣	大埔縣城，周五百十九丈有奇，門三，池深三尺。明嘉靖五年建，本朝順治間修，康熙十四年、雍正七年重修。	卷446，22696頁。
澄海縣	廣東統部潮州府	縣	澄海縣城，周九百二十五丈有奇，門五，池周七里。明嘉靖四十五年建，本朝順治十三年修，康熙八年、二十二年、乾隆六年、十年重修。	卷446，22696頁。

续表

普寧縣	廣東統部潮州府	縣	普寧縣城，周七百丈，門四，繞城浚溪爲池。明萬曆十四年建，本朝順治十三年修，康熙十三年、雍正十年重修。	卷 446，22696 頁。
豐順縣	廣東統部潮州府	縣	豐順縣城，周二百九丈有奇，門四。本朝乾隆三年因通判治城舊址建。	卷 446，22697 頁。

肇慶府

城池名稱	所屬	城池等級	原文	資料出處
肇慶府	廣東統部	府	肇慶府城，周八百七十一丈，門四，南臨大江，三面浚池，周四百五十八丈。宋政和中建，明洪武初增建，本朝康熙六年修，乾隆三年、嘉慶十七年重修。高要縣附郭。	卷 447，22812 頁。
四會縣	廣東統部肇慶府	縣	四會縣城，周五百七十六丈有奇，門四，東西臨江，南北浚池，廣二丈。明天順初建，本朝康熙二十六年修，嘉慶十八年重修。	卷 447，22812 頁。
新興縣	廣東統部肇慶府	縣	新興縣城，周一千一百八十丈，門五，池周六百餘丈。宋建炎中建，明洪武十三年增建，本朝順治二年修，康熙二十五年、乾隆四十五年、嘉慶十七年重修。	卷 447，22812 頁。

续表

陽春縣	廣東統部肇慶府	縣	陽春縣城，周五百六十七丈，初門四，池周七百丈。唐武德四年建，明洪武三十一年因舊址重建，本朝康熙九年修，雍正元年增闢南門，乾隆二十一年、嘉慶十九年重修。	卷447，22812頁。
陽江縣	廣東統部肇慶府	縣	陽江縣城，周八百九十二丈，門四，池周九百七十丈。宋紹興間土築，明洪武三年甃石，本朝康熙十一年修，乾隆六年、嘉慶十五年重修。	卷447，22813頁。
高明縣	廣東統部肇慶府	縣	高明縣城，周六百六十丈，初門三，池周六百丈。明成化十六年建，萬曆十年增闢西門，本朝康熙六年修，乾隆三十六年、嘉慶元年重修。	卷447，22813頁。
恩平縣	廣東統部肇慶府	縣	恩平縣城，周三百二十五丈，門四，池廣二丈。明成化二年建，本朝康熙十五年修，二十四年重修。	卷447，22813頁。
廣寧縣	廣東統部肇慶府	縣	廣寧縣城，周三百三十九丈，門三，無池。明嘉靖三十八年建，本朝康熙三十三年修，嘉慶二十三年重修。	卷447，22813頁。
開平縣	廣東統部肇慶府	縣	開平縣城，周三百五十丈，門二，無池。本朝順治七年建，康熙四年修，乾隆九年重修。	卷447，22813頁。

续表

鶴山縣	廣東統部肇慶府	縣	鶴山縣城，周六百丈，門三，以河爲池。本朝雍正十一年建。	卷 447，22813 頁。
德慶州	廣東統部肇慶府	屬州	德慶州城，周一千一百丈，門五，池周一千一百五十丈。宋皇祐六年間土築，明洪武元年甃石，本朝康熙五年修，乾隆十二年重修。	卷 447，22813 頁。
封川縣	廣東統部肇慶府	縣	封川縣城，周二百六十二丈，門三，南臨大江，東西有池，周二百九十五丈。明正統十四年因舊址土築，成化初甃磚。	卷 447，22814 頁。
開建縣	廣東統部肇慶府	縣	開建縣城，周三百三十六丈，門三，池長一百三十六丈。明洪武初土築，天順三年甃磚，本朝康熙六年修，嘉慶十八年、二十二年重修。	卷 447，22814 頁。

高州府

城池名稱	所屬	城池等級	原文	資料出處
高州府	廣東統部	府	高州府城，周六百七十一丈，門五，東南北池周五百四十丈，西以江爲塹。明洪武中建，本朝康熙十七年修，乾隆八年、嘉慶十六年重修。茂名縣附郭。	卷 449，22955 頁。

续表

電白縣	廣東統部高州府	縣	電白縣城，周一千八十四丈，門四，池周一千一百五十四丈。原爲神電衛城，明永樂中建，成化四年改爲縣城，本朝順治九年修，乾隆三年重修。	卷449，22955頁。
信宜縣	廣東統部高州府	縣	信宜縣城，周五百二十五丈，門四，東西南三面環竇江，無池。明正統五年建，本朝順治十三年拓建，嘉慶十八年修。	卷449，22955頁。
化州	廣東統部高州府	屬州	化州城，周五百六十三丈，門二，西近山麓，北臨大江，東南池長二百二十丈。明正統中建，本朝雍正八年修，乾隆二年、十二年重修。	卷449，22955頁。
吳川縣	廣東統部高州府	縣	吳川縣城，周五百八十丈，門四，池周六百八十丈。明洪武中土築，永樂元年甃磚，本朝乾隆三年修，五十三年重修。	卷449，22956頁。
石城縣	廣東統部高州府	縣	石城縣城，周五百三十七丈，門三，北倚山，東西南池長三百九十五丈。明洪武中土築，正統五年甃磚，本朝順治十三年修。	卷449，22956頁。

廉州府

城池名稱	所屬	城池等級	原文	資料出處
廉州府	廣東統部	府	廉州府城，周一千六百七十丈，門四，有池。宋元祐中土築，明洪武三年增築西城，宣德中甃東城石，成化二年增甃，本朝順治十八年修，康熙、雍正中重修。合浦縣附郭。	卷450，23026頁。

续表

欽州	廣東統部廉州府	屬州	欽州城，周六百丈，門三，有池。宋天聖元年建，明洪武中增建，本朝康熙二十三年修，乾隆八年、十六年重修。	卷450，23026頁。
靈山縣	廣東統部廉州府	縣	靈山縣城，周六百四十丈，門四，有池。明正統五年建，成化中增建，本朝康熙六年修，二十年、雍正六年、乾隆八年、三十四年重修。	卷450，23026頁。

雷州府

城池名稱	所屬	城池等級	原文	資料出處
雷州府	廣東統部	府	雷州府城，周五里，門四，池周六里。南漢時土築，明洪武中甃石，本朝順治十三年修，康熙十年、乾隆五十九年、嘉慶十四年重修。海康縣附郭。	卷451，23081頁。
遂溪縣	廣東統部雷州府	縣	遂溪縣城，周四百七十丈，門三，池周七百一十四丈。明洪武七年土築，正統四年甃石，本朝康熙三年修，二十一年重修。	卷451，23081頁。
徐聞縣	廣東統部雷州府	縣	徐聞縣城，周六百餘丈，門四，池周八百九十二丈。明正統三年土築，弘治十四年甃石，本朝康熙三十五年修，雍正七年、乾隆五年、三十七年重修。	卷451，23081頁。

瓊州府

城池名稱	所屬	城池等級	原文	資料出處
瓊州府	廣東統部	府	瓊州府城，周一千二百五十三丈，門三，池周一千二百八十七丈。明洪武初因宋舊址土築，十七年於城西添築土城三百八丈，嘉靖間甃石，崇禎中增建東門月城。本朝順治十三年修，康熙六年、乾隆十六年、三十七年重修。瓊山縣附郭。	卷452，23140頁。
澄邁縣	廣東統部瓊州府	縣	澄邁縣城，周五百八十丈，門三，無池。明正統十二年土築，弘治元年甃石，本朝順治十五年修，康熙四十五年重修。	卷452，23141頁。
定安縣	廣東統部瓊州府	縣	定安縣城，周五百九十三丈，門四，北臨大江，東西南浚池，周三百六十丈。明正德中建，嘉靖間始創北門，本朝乾隆十六年修，五十一年重修。	卷452，23141頁。
文昌縣	廣東統部瓊州府	縣	文昌縣城，周三百五十丈，門二，西南瀕溪，東北以田爲池。明隆慶六年建，崇禎十二年建月城，本朝順治十一年修，康熙元年、五十七年重修。	卷452，23141頁。
會同縣	廣東統部瓊州府	縣	會同縣城，周三百八十丈，門四，無池。明嘉靖二十九年土築，隆慶六年甃石，本朝康熙三年修。	卷452，23141頁。

续表

樂會縣	廣東統部瓊州府	縣	樂會縣城，周三百七十二丈，門二，四面臨江無池。明隆慶六年建，本朝順治十七年修，雍正元年重修。	卷452，23141頁。
臨高縣	廣東統部瓊州府	縣	臨高縣城，周六百丈，門四，因河爲池。明正統八年建，本朝順治十七年修，雍正七年、乾隆三十五年、嘉慶八年重修。	卷452，23141頁。
儋州	廣東統部瓊州府	屬州	儋州城，周四百七十丈，門四，池周四百七十七丈。明洪武間因宋舊址甃石，本朝康熙二十七年修，乾隆六年重修。	卷452，23141頁。
昌化縣	廣東統部瓊州府	縣	昌化縣城，周五百八十四丈，門三，無池。明洪武間建爲千戶所城，正統中移縣治北，本朝順治十一年修，康熙三十六年重修。	卷452，23141頁。
萬州	廣東統部瓊州府	屬州	萬州城，周四百二十六丈，門四，池周四百九十七丈。宋舊址，明洪武中拓建。	卷452，23142頁。
陵水縣	廣東統部瓊州府	縣	陵水縣城，周三百四十四丈，門四，池周四百九十七丈。明永樂中建，本朝康熙中修。	卷452，23142頁。

续表

崖州	廣東統部瓊州府	屬州	崖州城，周五百一十三丈有奇，門三，池周五百五十七丈。宋慶元中建，明洪武間拓建，本朝順治十八年修，康熙十一年、乾隆二年重修。	卷452，23142頁。
感恩縣	廣東統部瓊州府	縣	感恩縣城，周三百九十四丈，門三，池周四百丈有奇。明萬曆中建，本朝康熙四十三年修，雍正十一年重修。	卷452，23142頁。

南雄州

城池名稱	所屬	城池等級	原文	資料出處
南雄州	廣東統部	直隸州	南雄州城，州治所曰斗城，宋皇祐初建；外爲顧城，元至正中建，皆爲故城，周七百二十七丈，門五，有池，保昌舊治在焉。明成化五年，自小北門至牛軛潭築土城三百餘丈，沿河固以木柵，謂之新城。嘉靖四十三年沿河復築水城，今皆稱爲新城，廣一千一百三十一丈有奇，亦門五，無池。本朝順治十四年修，康熙二十四年、雍正七年、乾隆十三年重修。	卷454，23236頁。
始興縣	廣東統部南雄州	縣	始興縣城，周三百四十八丈，門三，池周東南西三面。明天順中土築，成化間甃磚，本朝順治十五年修，康熙二十一年、三十八年、乾隆十六年、嘉慶二十五年重修。	卷454，23236頁。

連州

城池名稱	所屬	城池等級	原文	資料出處
連州	廣東統部	直隸州	連州城，内城周五百四十八丈，門三。劉宋元徽間土築，明洪武二十八年甃石，本朝順治十五年修，康熙二十四年、雍正十一年、乾隆六年重修。外城周五百七十三丈，門四，水門六，三面臨湟水，東北繞池，天順中土築，本朝康熙四十年甃石，雍正十年、十一年、乾隆三十四年、嘉慶二十年重修。	卷 455，23274 頁。
陽山縣	廣東統部連州	縣	陽山縣城，周四百丈，門四，池長三百二十丈。明天順七年建，嘉靖二十四年重修，本朝順治九年修，康熙十三年、四十二年重修。	卷 455，23274 頁。

嘉應州

城池名稱	所屬	城池等級	原文	資料出處
嘉應州	廣東統部	直隸州	嘉應州城，周九百八十五丈，門五，南臨河，東北轉西池長五百八十丈。明洪武十八年因程鄉縣址建，本朝康熙十二年修。	卷 456，23310 頁。

续表

興寧縣	廣東統部嘉應州	縣	興寧縣城，周六百二十六丈，門四，池廣二丈。明成化三年建，本朝順治三年修，康熙二十五年、六十年、乾隆三年重修。	卷456，23310頁。
長樂縣	廣東統部嘉應州	縣	長樂縣城，周一千五十九丈，門四，池周一千九十五丈。明洪武二十年建，嘉靖元年增建，本朝順治三年修，十八年、康熙二十五年重修。	卷456，23310頁。
平遠縣	廣東統部嘉應州	縣	平遠縣城，周五百二十丈，門四，東西南三面臨溪，北依山無池。明嘉靖中建，本朝順治二年修，康熙二十五年重修。	卷456，23310頁。
鎮平縣	廣東統部嘉應州	縣	鎮平縣城，周八百丈，門四，西北倚山，東南池長五百丈。明崇禎六年建，本朝康熙十一年修，二十九年、乾隆八年重修。	卷456，23310頁。

羅定州

城池名稱	所屬	城池等級	原文	資料出處
羅定州	廣東統部	直隸州	羅定州城，周六百六十丈有奇，門三，東北臨溪，西南浚池，長三百八十丈。明正統十三年土築，景泰四年甃石，萬曆二十九年增建，本朝順治十年修，康熙五年、二十三年、雍正三年、乾隆八年重修。	卷457，23368頁。

续表

東安縣	廣東統部羅定州	縣	東安縣城，周三百八十四丈，門三，池周三百九十丈。明萬曆元年建，本朝順治十七年修，康熙元年、雍正八年重修。	卷 457，23369 頁。
西寧縣	廣東統部羅定州	縣	西寧縣城，周三百八十二丈，門三，北面倚山，東西南因塘爲池。明萬曆五年建，本朝康熙六年修，二十三年、雍正八年重修。	卷 457，23369 頁。

佛岡廳

城池名稱	所屬	城池等級	原文	資料出處
佛岡廳	廣東統部	直隸廳	佛岡廳城，周三百六十丈，門四，無池。本朝雍正九年建，嘉慶十七年修。	卷 458，23398 頁。

連山廳

城池名稱	所屬	城池等級	原文	資料出處
連山廳	廣東統部	直隸廳	連山廳城，周四百丈，門二，池周四百八十丈。明洪武初建，天順中增建，本朝嘉慶二十二年修。	卷 459，23408 頁。

廣西統部

桂林府

城池名稱	所屬	城池等級	原文	資料出處
桂林府	廣西統部	府	桂林府城，周十二里，門十二。宋皇祐間建，元至正十六年甃石，明洪武中增建南城，本朝康熙四年、雍正三年、乾隆四年、十三年、二十六年、四十八年、嘉慶四年重修。其池東導灕江，西南環陽江，闊八丈二尺，北無池。臨桂縣附郭。	卷461，23498頁。
興安縣	廣西統部桂林府	縣	興安縣城，周三里有奇，門三。明景泰間建，萬曆中甃磚，本朝雍正八年修。	卷461，23498頁。
靈川縣	廣西統部桂林府	縣	靈川縣城，周三里有奇，門五。明景泰初建，成化間甃磚，本朝乾隆八年、十三年、五十八年重修。	卷461，23498頁。

续表

陽朔縣	廣西統部桂林府	縣	陽朔縣城，周二里。元至正七年建，明成化初韓雍增拓舊門八，本朝順治十年閉三存五，乾隆九年重修。	卷461，23498頁。
永寧州	廣西統部桂林府	屬州	永寧州城，周六里，門四。明成化十三年建，東西二水環抱，萬曆十四年築堤爲障。本朝康熙六十一年、雍正五年重修。	卷461，23498頁。
永福縣	廣西統部桂林府	縣	永福縣城，周一里有奇，門四。明天順中土建，弘治九年甃磚，本朝乾隆十年修。	卷461，23498頁。
義寧縣	廣西統部桂林府	縣	義寧縣城，周二里有奇，門五。明天順六年建，弘治十八年甃磚。西南以義江爲池，闊十丈。本朝乾隆六年、十三年、六十年重修。	卷461，23498頁。
全州	廣西統部桂林府	屬州	全州城，周五里有奇，門五。元至正間建，北據山麓，南瞰湘江，嘉靖間修，本朝雍正四年、乾隆二十年、嘉慶四年重修。	卷461，23498頁。
灌陽縣	廣西統部桂林府	縣	灌陽縣城，周二里有奇，池闊一丈六尺，門四。明洪武中建，景泰初甃磚，本朝雍正十年修。	卷461，23499頁。
龍勝廳城	廣西統部桂林府	屬廳	龍勝廳城，周四里有奇，門四。本朝乾隆六年建。	卷461，23499頁。

柳州府

城池名稱	所屬	城池等級	原文	資料出處
柳州府	廣西統部	府	柳州府城，周七里有奇，內城門五，外城門三。《舊志》在龍江北，唐宋俱土城，元祐間重築，咸熙初徙龍江南，迄元無城。明洪武元年遷今所，四年築土城，十二年甃磚，嘉靖二十四年築外城，本朝康熙五年修，雍正三年、乾隆三年、三十二年、四十八年、五十年重修。馬平縣附郭。	卷 463，23623 頁。
雒容縣	廣西統部柳州府	縣	雒容縣城，周一里有奇，門四。本朝康熙五十二年修，雍正六年重修。	卷 463，23624 頁。
羅城縣	廣西統部柳州府	縣	羅城縣城，周二里，門三。明成化時建，本朝康熙三年修，三十三年、乾隆二十五年重修。	卷 463，23624 頁。
柳城縣	廣西統部柳州府	縣	柳城縣城，周一里有奇，門三。明成化時建，本朝康熙十年修，雍正七年重修。	卷 463，23624 頁。
懷遠縣	廣西統部柳州府	縣	懷遠縣城，周三里，門四。明初建於大容江口，萬曆中遷今所，南北築月城二里，外又有土城。	卷 463，23624 頁。

续表

融縣	廣西統部柳州府	縣	融縣城，周二里有奇，門四。唐建，元至正間修，本朝康熙十九年修，四十八年、五十年、雍正八年重修。	卷 463，23624 頁。
象州	廣西統部柳州府	屬州	象州城，周三里。明洪武中建，嘉靖九年修，本朝康熙六十年修，乾隆六年、二十年重修。	卷 463，23624 頁。
來賓縣	廣西統部柳州府	縣	來賓縣城，周二里有奇，門四，西南臨河。明洪武間建，永樂間改建磚城，景泰間廢，天順四年修復，本朝康熙六年修，五十六年、雍正二年、十三年、乾隆六年、十四年、四十九年重修。	卷 463，23624 頁。

慶遠府

城池名稱	所屬	城池等級	原文	資料出處
慶遠府	廣西統部	府	慶遠府城，周九里有奇，門六，北倚江，東西南三面浚濠。舊土築，唐天寶元年甃磚，明洪武二十九年增建，本朝康熙二十三年，乾隆三十年重建。宜山縣附郭。	卷 464，23694 頁。
天河縣	廣西統部慶遠府	縣	天河縣城，周二里，門三，土築。舊治在高寨，明萬曆間遷今所，本朝康熙二十四年重建，乾隆十年修。	卷 464，23695 頁。

续表

河池州	廣西統部慶遠府	屬州	河池州城，周二里有奇，門四，土築。本朝順治十七年重建，康熙二十四年、雍正四年重修。	卷464，23695頁。
思恩縣	廣西統部慶遠府	縣	思恩縣城，周一里有奇，門四，土築。本朝順治十五年重建，康熙五年、二十四年重修。	卷464，23695頁。
德勝廳	廣西統部慶遠府	屬廳	德勝廳城，周二里，門四。在宜山縣西六十里。明永樂二年壘石築城，本朝雍正六年設同知，築此理苗。	卷464，23695頁。
那地州	廣西統部慶遠府	屬州	那地州城，土垣。	卷464，23695頁。
南丹州	廣西統部慶遠府	屬州	南丹州城，土垣。	卷464，23695頁。
忻城縣	廣西統部慶遠府	縣	忻城縣城，周三百三十步，門三。舊土築，本朝康熙二十一年甃石。	卷464，23695頁。
永定土司	廣西統部慶遠府		永定土司城，石垣，周四十步。	卷464，23695頁。

续表

永順土司	廣西統部慶遠府		永順土司城，土垣。	卷464，23695頁。

思恩府

城池名稱	所屬	城池等級	原文	資料出處
思恩府	廣西統部	府	思恩府城，周一里有奇，門三，兩河彙於南門，北倚山麓。舊治在寨城山，明正統十年遷喬利，嘉靖六年遷今所、甃磚，萬曆十九年修，今閉西門，城屬九土司承修。	卷465，23754頁。
武緣縣	廣西統部思恩府	縣	武緣縣城，周三里有奇，門四，池廣一丈。明洪武二十四年建，本朝康熙三年修，乾隆三十一年重修。	卷465，23754頁。
賓州	廣西統部思恩府	屬州	賓州城，周二里有奇，門四，南倚江爲濠。明初因宋址重建。	卷465，23754頁。
遷江縣	廣西統部思恩府	縣	遷江縣城，周三里有奇，門三，東北臨江，西南開濠，闊三丈。明初建，本朝康熙中修，乾隆九年重修。	卷465，23754頁。

续表

上林縣	廣西統部思恩府	縣	上林縣城，周二里有奇，門二。明成化中改建，本朝康熙二十一年修。	卷465，23754頁。
百色城	廣西統部思恩府		百色城，周三里有奇，門三。在田州西一百里。本朝雍正八年建，乾隆八年建月城，周一里有奇，三十年建護城三，各周六丈。	卷465，23755頁。
上林土縣	廣西統部思恩府	縣	上林土縣城，周一里有奇，門二。本朝順治十八年建，有濠。	卷465，23755頁。
舊城土司	廣西統部思恩府		舊城土司城，以山爲城，東西徑二里，南北徑一里，凡四山口皆有石墻。明永樂間築，仍開四門，有濠塹。	卷465，23755頁。
下旺土司	廣西統部思恩府		下旺土司城，周三百步，門三，明正統間築	卷465，23755頁。
那馬土司	廣西統部思恩府		那馬土司城，周一百四十步，門二。明正統間築。	卷465，23755頁。

续表

都陽土司	廣西統部思恩府		都陽土司城，土墻，周一百二十步，無濠塹，明末毀。	卷465，23755頁。

泗城府

城池名稱	所屬	城池等級	原文	資料出處
泗城府	廣西統部	府	泗城府城，舊無城郭，築石墻周二里，門三，無濠，四面皆山。本朝雍正五年改流，南北設上下兩關，嘉慶二年改建城門二，建營防守。淩雲縣附郭。	卷466，23806頁。
西隆州	廣西統部	屬州	西隆州城，周一里有奇，門二。本朝雍正九年建，乾隆四年修。	卷466，23806頁。
西林縣	廣西統部泗城府	縣	西林縣城，周一里有奇，門四。本朝康熙六年築。	卷466，23806頁。
八連城	廣西統部泗城府		八連城，舊係土城，門四。本朝嘉慶三年增建甃磚，西隆州同隆林游擊駐此。	卷466，23806頁。

平樂府

城池名稱	所屬	城池等級	原文	資料出處
平樂府	廣西統部	府	平樂府城，周二里有奇，門四，東北跨鳳凰山嶺。宋治平元年建，元至正間甃磚，明洪武十三年增築，萬曆間建龍頭磯堤，本朝康熙六年、五十三年、五十七年重修。平樂縣附郭。	卷467，23838頁。
恭城縣	廣西統部平樂府	縣	恭城縣城，周二里，門三，池廣一丈。舊治在鳳凰山下，唐武德八年建，明成化間遷今所，正德、萬曆間屢修，本朝康熙四年、九年重修。	卷467，23838頁。
富川縣	廣西統部平樂府	縣	富川縣城，周三里有奇，門四。明洪武二十九年建，本朝康熙十一年修，乾隆八年重修。	卷467，23838頁。
賀縣	廣西統部平樂府	縣	賀縣城，周三里有奇，門三，池廣七丈。舊土築，宋甃磚，明嘉靖十一年、隆慶四年屢修，本朝乾隆六年修。	卷467，23838頁。
荔浦縣	廣西統部平樂府	縣	荔浦縣城，周一里有奇，門二。舊治在永蘇里，明景泰七年遷今所，成化十四年甃磚，本朝康熙四十七年修。	卷467，23838頁。

续表

修仁縣	廣西統部平樂府	縣	修仁縣城，周一里有奇，門三。舊土築，明成化十四年甃磚，本朝康熙五年、雍正五年重修，今增北門。	卷467，23838頁。
昭平縣	廣西統部平樂府	縣	昭平縣城，周一里有奇，門三。明成化間築，萬曆四年甃磚，四十一年修。	卷467，23838頁。
永安州	廣西統部平樂府	屬州	永安州城，周二里有奇，門三。明成化中築，本朝順治十八年、康熙五年、二十二年重修。	卷467，23838頁。

梧州府

城池名稱	所屬	城池等級	原文	資料出處
梧州府	廣西統部	府	梧州府城，周四里有奇，門五，三面環濠，北倚山險。宋開寶元年建，明代屢修，本朝順治十五年修，康熙六年、雍正十年重修。蒼梧縣附郭。	卷469，23917頁。
藤縣	廣西統部梧州府	縣	藤縣城，周二里有奇，門四，東北臨江，西南以塘爲池。明成化二年建，本朝康熙三十八年修，雍正元年、乾隆六十年重修。	卷469，23917頁。

续表

容縣	廣西統部梧州府	縣	容縣城，周二里有奇，門三，池廣五丈。唐舊址，明成化四年改建，嘉靖、萬曆間修。	卷469，23917頁。
岑溪縣	廣西統部梧州府	縣	岑溪縣城，周二里，門二。明成化十年築，萬曆二十六年重建，本朝康熙二十五年修。	卷469，23917頁。
懷集縣	廣西統部梧州府	縣	懷集縣城，周五里有奇，門四，池廣三丈。明成化四年甃磚，本朝順治十六年修，康熙四年、雍正二年重修。	卷469，23917頁。

潯州府

城池名稱	所屬	城池等級	原文	資料出處
潯州府	廣西統部	府	潯州府城，周七里有奇，門六，東西開濠，南北際江。宋嘉祐間土築，明洪武二十九年增建，成化三年甃磚，本朝乾隆二十七年修。桂平縣附郭。	卷470，23975頁。
平南縣	廣西統部潯州府	縣	平南縣城，周一里有奇，門二，南臨大江，池廣二丈。明初土築，天順間甃磚。	卷470，23975頁。

续表

貴縣	廣西統部潯州府	縣	貴縣城，周三里有奇，門五。元至正間因唐址建，明萬曆間增建，本朝康熙二十五年、五十九年重修。	卷 470，23975 頁。
武宣縣	廣西統部潯州府	縣	武宣縣城，周二里有奇，門四，池廣一丈五尺。明宣德間土築，成化間甃磚，本朝乾隆三十一年修。	卷 470，23975 頁。

南寧府

城池名稱	所屬	城池等級	原文	資料出處
南寧府	廣西統部	府	南寧府城，周十一里有奇，門六。宋皇祐間築，如蛇形，有濠。明萬曆三十年增修，本朝康熙十五年、二十五年、雍正九年、乾隆五十五年重修。宣化縣附郭。	卷 471，24032 頁。
新寧州	廣西統部南寧府	屬州	新寧州城，周四里有奇，門四。明隆慶中土築，萬曆五年甃磚，本朝雍正四年修。	卷 471，24032 頁。
隆安縣	廣西統部南寧府	縣	隆安縣城，周一里有奇，門四，池廣三丈八尺。明嘉靖十四年築，本朝康熙九年修。	卷 471，24032 頁。

续表

横州	廣西統部南寧府	屬州	横州城，周三里有奇，門五，池廣一丈二尺。舊土築，元至正間甃磚，明嘉靖三十八年修，本朝康熙六十一年修。	卷471，24033頁。
永淳縣	廣西統部南寧府	縣	永淳縣城，周二里有奇，門四，有濠。明正統間土築，成化八年甃磚，本朝康熙五十七年、雍正七年重修。	卷471，24033頁。
上思州	廣西統部南寧府	屬州	上思州城，周二里有奇，門四，池廣一丈。明弘治中築，本朝康熙三年、二十三年重修。	卷471，24033頁。
歸德土州	廣西統部南寧府		歸德土州城，土垣。	卷471，24033頁。
果化土州	廣西統部南寧府		果化土州城，土垣。	卷471，24033頁。
土忠州	廣西統部南寧府		土忠州城，土垣。	卷471，24033頁。

太平府

城池名稱	所屬	城池等級	原文	資料出處
太平府	廣西統部	府	太平府城，周三里有奇，門四，東西南三面環麗江。明洪武五年築，本朝順治十六年、康熙七年、五十八年重修。崇善縣附郭。	卷 471，24105 頁。
左州	廣西統部太平府	屬州	左州城，周三里有奇，門四。明正德十五年築，本朝康熙四年修。	卷 471，24105 頁。
養利州	廣西統部太平府	屬州	養利州城，周二里有奇，門五。明弘治間土築，萬曆十九年改建甃石，本朝順治十八年、康熙七年、二十四年、三十年、乾隆三十一年重修。	卷 471，24105 頁。
永康州	廣西統部太平府	屬州	永康州城，周一里有奇，門四。明萬曆中土築，崇禎十一年甃磚，本朝康熙四十三年、乾隆七年重修。	卷 471，24105 頁。
寧明州	廣西統部太平府	屬州	寧明州城，周七里有奇，門四。舊土築，本朝乾隆十五年甃磚。	卷 471，24106 頁。
太平土州	廣西統部太平府		太平土州城，土垣，周二里有奇，門四。	卷 471，24106 頁。

续表

安平土州	廣西統部太平府		安平土州城，土垣，周一百五十步。	卷 471，24106 頁。
萬承土州	廣西統部太平府		萬承土州城，土垣，周一百六十步有奇。	卷 471，24106 頁。
茗盈土州	廣西統部太平府		茗盈土州城，土垣，周一百七十步。	卷 471，24106 頁。
全茗土州	廣西統部太平府		全茗土州城，土垣。	卷 471，24106 頁。
龍英土州	廣西統部太平府		龍英土州城，土垣，周一百三十步。	卷 471，24106 頁。
佶倫土州	廣西統部太平府		佶倫土州城，土垣。	卷 471，24106 頁。
結安土州	廣西統部太平府		結安土州城，土垣。	卷 471，24106 頁。

续表

鎮遠土州	廣西統部太平府		鎮遠土州城，土垣。	卷 471，24106 頁。
都結土州	廣西統部太平府		都結土州城，土垣。	卷 471，24106 頁。
思陵土州	廣西統部太平府		思陵土州城，土垣，周一里有奇，門四。	卷 471，24106 頁。
土江州	廣西統部太平府		土江州城，周四里有奇，門四。	卷 471，24106 頁。
土思州	廣西統部太平府		土思州城，土垣，周四里有奇，門六，明成化中築。	卷 471，24106 頁。
下石西土州	廣西統部太平府		下石西土州城，土垣，周一里有奇，門四。	卷 471，24106 頁。
上下凍土州	廣西統部太平府		上下凍土州城，土垣。	卷 471，24106 頁。

续表

羅陽土縣	廣西統部太平府		羅陽土縣城，舊有土垣，周一里有奇，門四，今圮。	卷471，24106頁。
明江廳	廣西統部太平府	屬廳	明江廳城，周七里有奇，門四，即思明舊城。明成化間建，本朝改流，設同知駐此，乾隆十三年修。	卷471，24106頁。
龍州廳	廣西統部太平府	屬廳	龍州廳城，周四里有奇，門四，東西南距河，北倚山，無池。	卷471，24106頁。

鎮安府

城池名稱	所屬	城池等級	原文	資料出處
鎮安府	廣西統部	府	鎮安府城，周二里有奇，門三。宋土築，舊治在今治西，明初移建今所，本朝乾隆二年甃石。天保縣附郭。	卷472，24150頁。
奉議州	廣西統部鎮安府	屬州	奉議州城，周二里有奇，門三，東面江，土垣。本朝康熙九年、乾隆三十年重修。	卷472，24150頁。

续表

歸順州	廣西統部鎮安府	屬州	歸順州城，周三里，門四。明弘治間土築，本朝乾隆八年改建石城，十八年、三十二年、三十三年重修。	卷472，24150頁。
向武土州	廣西統部鎮安府		向武土州城，周三百步，門一。宋皇祐間土築，明萬曆重建。	卷472，24150頁。
都康土州	廣西統部鎮安府		都康土州城，周一里有奇，門三，無濠。宋乾興間建。	卷472，24150頁。
上映土州	廣西統部鎮安府		上映土州城，環治皆山，唯北面平衍。宋皇祐間築石墻，又内築土墻周里許，正北一門。本朝康熙六十年改南向，周二百四十步，東西南三門，乾隆四十三年修。	卷472，24150頁。
下雷土州	廣西統部鎮安府		下雷土州城，石砌内外二重，内城廣二百十四步，外城二百二十六步，東南北各一門，西面倚山。宋皇祐間建。	卷472，24150頁。
小鎮安城	廣西統部鎮安府		小鎮安城，土垣，明永樂間建。	卷472，24150頁。

鬱林州

城池名稱	所屬	城池等級	原文	資料出處
鬱林州	廣西統部	直隸州	鬱林州城，周二里有奇，門四，有濠。宋築，明洪武間增建，本朝康熙二十五年、乾隆十八年、三十八年、四十一年、五十六年重修。	卷474，24187頁。
博白縣	廣西統部鬱林州	縣	博白縣城，周四里，門四。唐武德五年土築，元至正十三年甃磚，本朝康熙四十九年、雍正二年重修。	卷474，24187頁。
北流縣	廣西統部鬱林州	縣	北流縣城，周二里有奇，門三，有濠。明成化初重築，本朝康熙三十五年修。	卷474，24187頁。
陸川縣	廣西統部鬱林州	縣	陸川縣城，周一里有奇，門二，有濠。明永樂間土築，成化二十一年甃磚，本朝順治十六年、康熙五十八年、乾隆十八年重修。	卷474，24188頁。
興業縣	廣西統部鬱林州	縣	興業縣城，周一里有奇，門三，有濠。明初土築，宣德五年增建，正德二年甃磚。	卷474，24188頁。

雲南統部

雲南府

城池名稱	所屬	城池等級	原文	資料出處
雲南府	雲南統部	府	雲南府城，周九里，門六，環城有壕，可通舟楫，城外設重關，即唐時蒙氏拓東城故址。明洪武十五年甃磚，本朝康熙二十年、乾隆五十三年累修，嘉慶四年、十八年又修。	卷476，24313頁。
富民縣	雲南統部雲南府	縣	富民縣城，周二里，門三，環城有壕。舊在天馬山之陽，明崇禎十三年移今所，本朝康熙十年、三十一年、雍正八年、乾隆二十六年累修。	卷476，24313頁。
宜良縣	雲南統部雲南府	縣	宜良縣城，周四里，門四。明洪武二十四年以宜良守禦所城改建，本朝康熙五十年、雍正九年、乾隆二十六年累修。	卷476，24313頁。

续表

嵩明州	雲南統部雲南府	屬州	嵩明州城，周三里，門四。本名汝札臥城，烏蠻車氏所築，後爲枳氏所奪，又名枳塏，後圮。明弘治九年始築土城，隆慶二年易以磚，本朝雍正七年、乾隆二年累修。	卷476，24313頁。
晋寧州	雲南統部雲南府	屬州	晋寧州城，周三里，門四。隋刺史梁毗築，後圮。明成化二十二年重築，萬曆三年易以磚，本朝康熙六年、三十年、乾隆二十六年累修。	卷476，24313頁。
呈貢縣	雲南統部雲南府	縣	呈貢縣城，周二里，門四。明洪武十六年土築，本朝乾隆二十六年易以磚。	卷476，24314頁。
安寧州	雲南統部雲南府	屬州	安寧州城，周九百十九丈，門四，北倚螳川，其三面俱無濠。明洪武中築，本朝康熙四十一年、雍正九年、乾隆二十六年累修。	卷476，24314頁。
羅次縣	雲南統部雲南府	縣	羅次縣城，周二里，門四。明天啓中築，本朝康熙二十一年、雍正六年累修。	卷476，24314頁。
祿豐縣	雲南統部雲南府	縣	祿豐縣城，周三里，門四，西倚星宿河，其三面俱無濠。元至正十三年築土城，明萬曆四十年易以磚，本朝康熙九年、五十一年累修。	卷476，24314頁。

续表

昆陽州	雲南統部雲南府	屬州	昆陽州城，周二里，門五。明正德四年始築土城，崇禎七年遷築磚城於長松山，尋還舊治。本朝乾隆二十六年易以磚。	卷 476，24314 頁。
易門縣	雲南統部雲南府	縣	易門縣城，周二里，門四，因河水爲池。明洪武二十四年築，本朝康熙七年、乾隆二十一年累修。	卷 476，24314 頁。

大理府

城池名稱	所屬	城池等級	原文	資料出處
大理府	雲南統部	府	大理府城，周十二里，門四，有池。舊名紫城，漢葉榆城故址，明洪武十五年築，本朝康熙中修，雍正八年、乾隆四年累修。	卷 478，24416 頁。
趙州	雲南統部大理府	屬州	趙州城，周三里，門四，有池。明弘治二年築土城，本朝康熙五十六年重修，雍正八年又修。	卷 478，24416 頁。
雲南縣	雲南統部大理府	縣	雲南縣城，周四里，門四，有池。即洱海衛城，明洪武十九年築，本朝康熙七年裁衛歸縣，重葺磚城，乾隆二十五年又修。	卷 478，24416 頁。

续表

鄧川州	雲南統部大理府	屬州	鄧川州城，周三里，門三，有池。明崇禎十三年築土城，本朝雍正九年重修，乾隆二十五年又修。	卷478，24416頁。
浪穹縣	雲南統部大理府	縣	浪穹縣城，周二里有奇，門四，無池。明萬曆三年始築土城，本朝康熙三十一年重修，雍正八年、乾隆五年累修。	卷478，24416頁。
賓川州	雲南統部大理府	屬州	賓川州城，周四里有奇，門四，無池。明弘治七年築城時，掘地得石碑，上刻“大羅城”三字，因以名衛及城，本朝康熙八年裁衛歸州，以爲州城。	卷478，24416頁。
雲龍州	雲南統部大理府	屬州	雲龍州城，舊有土城，在瀾滄江外，明崇禎中遷州治於雒馬井，四面阻山，未建城。	卷478，24416頁。

臨安府

城池名稱	所屬	城池等級	原文	資料出處
臨安府	雲南統部	府	臨安府城，周六里有奇，門四，自城東北繞西北至西南有濠。舊有土城，明洪武二十年易以磚，本朝康熙四年、雍正五年、十三年屢修。	卷479，24500頁。

续表

石屏州	雲南統部臨安府	屬州	石屏州城，周四里，門四，有池。明嘉靖三十年創築土城，天啓五年易以磚，本朝康熙六年修，雍正四年復修。	卷479，24500頁。
阿迷州	雲南統部臨安府	屬州	阿迷州城，周三里，門四。舊土城，明正統間築，萬曆四十五年易以磚，本朝康熙九年、雍正八年屢修。	卷479，24500頁。
寧州	雲南統部臨安府	屬州	寧州城，周三里，門三。明嘉靖十一年始築土城，崇禎十三年易以磚，本朝康熙十一年修。	卷479，24501頁。
通海縣	雲南統部臨安府	縣	通海縣城，周二里，門四，有池。即通海守禦所，明洪武十五年創築土城，二十四年易以磚，本朝康熙八年裁所歸縣，移縣治於此，五十六年修。	卷479，24501頁。
河西縣	雲南統部臨安府	縣	河西縣城，周二里有奇。舊有城，久廢，明成化間遷建，崇禎六年砌石。	卷479，24501頁。
嶍峨縣	雲南統部臨安府	縣	嶍峨縣城，周一里有奇，門四，有池。舊有土城，明正德六年移築，崇禎七年易以磚，本朝雍正七年重修。	卷479，24501頁。

续表

蒙自縣	雲南統部臨安府	縣	蒙自縣城，周四里，門四。明成化二十年創築土城，萬曆四十三年易以磚，本朝雍正八年修。	卷479，24501頁。

楚雄府

城池名稱	所屬	城池等級	原文	資料出處
楚雄府	雲南統部	府	楚雄府城，周七里，有池，門六。舊土城，明洪武十六年征蠻都督袁義創建石城，本朝康熙五年修，雍正八年、乾隆二十六年、三十七年累修。	卷480，24584頁。
鎮南州	雲南統部楚雄府	屬州	鎮南州城，周三里，門四。舊土城，明弘治間土築，萬曆四十三年甃磚，本朝康熙八年、四十年累修。	卷480，24584頁。
南安州	雲南統部楚雄府	屬州	南安州城，周一里，門二。明萬曆十五年土築，本朝康熙五十一年、乾隆六年累修。	卷480，24585頁。
定遠縣	雲南統部楚雄府	縣	定遠縣城，周一里，有池，門四。舊土築，明洪武二十二年甃磚，本朝康熙五十一年修。	卷480，24585頁。

续表

廣通縣	雲南統部楚雄府	縣	廣通縣城，周三里，有池，門四。舊土築，明萬曆四十五年建磚城，本朝順治十七年、康熙二十三年、乾隆二十七年累修。	卷480，24585頁。
姚州	雲南統部楚雄府	屬州	姚州城，周四里有奇，門三，因青蛉河爲池。明洪武初築，本朝康熙八年、乾隆二十五年累修。	卷480，24585頁。
大姚縣	雲南統部楚雄府	縣	大姚縣城，周三里有奇，門四，東西北依山，南門有池。明洪武二十八年築，永樂元年甃磚。	卷480，24585頁。
黑井司	雲南統部楚雄府		黑井司城，周一里，明崇禎七年築。	卷480，24585頁。
琅井司	雲南統部楚雄府		琅井司城，舊土城。本朝康熙元年、雍正三年累修。	卷480，24585頁。
白井司	雲南統部楚雄府		白井司城，明土築，本朝乾隆十九年修。	卷480，24585頁。

澂江府

城池名稱	所屬	城池等級	原文	資料出處
澂江府	雲南統部	府	澂江府城，周五里有奇，門四，池深五尺，引東西泉注之。明隆慶五年建，本朝康熙五十一年、乾隆元年修，二十五年又修。	卷481，24643頁。
江川縣	雲南統部澂江府	縣	江川縣城，周一里有奇，門四，有池。明崇禎七年築，本朝康熙五十六年修，乾隆二十五年又修。	卷481，24643頁。
新興州	雲南統部澂江府	屬州	新興州城，周三里，門四，有池。明正德二年築土城，萬曆六年易以磚，本朝康熙四十七年修，乾隆三十六年又修。	卷481，24644頁。
路南州	雲南統部澂江府	屬州	路南州城，周二里有奇，門四，有池。明弘治中築，隆慶六年易以磚，本朝雍正七年、十一年修，乾隆二十六年又修。	卷481，24644頁。

廣南府

城池名稱	所屬	城池等級	原文	資料出處
廣南府	雲南統部	府	廣南府城，周四里九分，設西南二門，有濠。明洪武十九年建木栅，本朝雍正十年甃以磚。	卷482，24681頁。

续表

土富州	雲南統部廣南府		土富州城，周三里四分，門二，西南以大溪爲池。本朝雍正十年築。	卷 482，24681 頁。

順寧府

城池名稱	所屬	城池等級	原文	資料出處
順寧府	雲南統部	府	順寧府城，周四里有奇，門四，在鳳山。明萬曆中始建磚城，本朝康熙三年修，雍正二年、乾隆二十六年累修。	卷 483，24699 頁。
雲州	雲南統部順寧府	屬州	雲州城，周三里有奇，門四，池深一丈。舊爲土城，明萬曆中移建於大栗樹鎮。	卷 483，24699 頁。
緬寧廳	雲南統部順寧府	屬廳	緬寧廳城，舊有土城，周三里三分。本朝乾隆三十一年改建磚城，嘉慶二十四年修。	卷 483，24699 頁。

曲靖府

城池名稱	所屬	城池等級	原文	資料出處
曲靖府	雲南統部	府	曲靖府城，周六里，門四。明洪武二十年建，本朝雍正四年重修，乾隆二年又修。	卷484，24734頁。
霑益州	雲南統部曲靖府	屬州	霑益州城，周三里，門四。舊爲交水縣城，後廢。明天啓三年改築，本朝順治十六年遷州治於此，雍正八年重修。	卷484，24734頁。
陸凉州	雲南統部曲靖府	屬州	陸凉州城，周六里，門四。舊爲陸凉衛城，明洪武三十一年建，本朝康熙五年裁衛歸州，移州治於此，雍正七年重修，乾隆四年又修。	卷484，24734頁。
羅平州	雲南統部曲靖府	屬州	羅平州城，周二里有奇，門四，引河水爲濠。明萬曆十五年建，本朝康熙三十八年重修，乾隆四年又修。	卷484，24734頁。
馬龍州	雲南統部曲靖府	屬州	馬龍州城，周二里，門四。明萬曆四十一年建，本朝雍正五年重修。	卷484，24734頁。

续表

尋甸州	雲南統部曲靖府	屬州	尋甸州城，周三里，門四，東西引澗水爲濠。明成化十九年創築土城，嘉靖十二年甃磚，本朝康熙五十二年重修，乾隆三年又修。	卷484，24735頁。
平彝縣	雲南統部曲靖府	縣	平彝縣城，周二里，門四。舊爲平夷衛城，明洪武七年築，天啓三年修，本朝康熙三十五年改設縣治，三十八年重修，乾隆三年又修。	卷484，24735頁。
宣威州	雲南統部曲靖府	屬州	宣威州城，周三里，門四。舊爲霑益州治，明洪武十六年築土城，永樂元年甃磚，本朝順治十六年移霑益治交水，雍正五年爲宣威州治，八年重修，乾隆元年又修。	卷484，24735頁。

麗江府

城池名稱	所屬	城池等級	原文	資料出處
麗江府	雲南統部	府	麗江府城，周四里，門五。本朝雍正元年築，乾隆十六年修。	卷485，24790頁。
鶴慶州	雲南統部麗江府	屬州	鶴慶州城，周四里有奇，門四，濠深五尺。明洪武十五年因舊址築，永樂中甃以磚，本朝康熙中修，雍正七年、乾隆十六年累修。	卷485，24790頁。

续表

劍川州	雲南統部麗江府	屬州	劍川州城，周三里，門四，池深五尺。明洪武中築，崇禎中甃以磚，本朝康熙中修，雍正七年、乾隆十九年累修。	卷485，24790頁。
中甸	雲南統部麗江府		中甸城，周二里，門四。本朝雍正六年築，乾隆二十四年修。又有阿敦子、浪滄江、其宗喇普、奔子欄格等四土城，俱雍正八年築，設兵駐防。	卷485，24790頁。
維西	雲南統部麗江府		維西城，周二里有奇，門四。本朝雍正六年築。	卷485，24790頁。

普洱府

城池名稱	所屬	城池等級	原文	資料出處
普洱府	雲南統部	府	普洱府城，周四里有奇，門四。舊土築，本朝雍正九年易以磚，乾隆四十五年重修。	卷486，24832頁。
威遠	雲南統部普洱府		威遠城，周二里有奇，門四。本朝乾隆八年築土城，三十二年易以石。	卷486，24832頁。

续表

思茅	雲南統部普洱府		思茅城，周二里有奇，門四。本朝雍正九年土築，乾隆三十一年改建磚城。	卷486，24832頁。
他郎	雲南統部普洱府		他郎城，舊土築。本朝乾隆四十六年修。	卷486，24832頁。

永昌府

城池名稱	所屬	城池等級	原文	資料出處
永昌府	雲南統部	府	永昌府城，周十三里有奇，門八，有濠。舊土城，唐天寶中南詔皮羅閣所築，西倚太保山麓，段氏因之。元至元間修。明洪武十五年又因舊址重修，尋廢，十八年改甃磚石，又於太保山絕險爲子城，設兵守，二十八年闢城西羅太保山於城内，本朝康熙中累修。	卷487，24854頁。
永平縣	雲南統部永昌府	縣	永平縣城，周三里有奇，門四，引江水爲濠。舊與永平守禦同城，明洪武十九年立木柵跨銀龍江上，二十六年易以磚。	卷487，24854頁。

開化府

城池名稱	所屬	城池等級	原文	資料出處
開化府	雲南統部	府	開化府城，周四里有奇，以盤龍河爲池。本朝康熙六年築土城，乾隆十年易以磚。	卷 488，24908 頁。

東川府

城池名稱	所屬	城池等級	原文	資料出處
東川府	雲南統部	府	東川府城，周三里，門四。舊築土城，本朝雍正九年改築石城，乾隆十一年、二十五年屢修。	卷 489，24927 頁。

昭通府

城池名稱	所屬	城池等級	原文	資料出處
昭通府	雲南統部	府	昭通府城，周四里有奇，門四，引渠爲濠。舊爲土城，本朝雍正十年改築磚城，乾隆二十六年修。	卷 490，24949 頁。
鎮雄州	雲南統部昭通府	屬州	鎮雄州城，周三里有奇，舊爲土城。本朝雍正九年改築磚城。	卷 490，24949 頁。

续表

永喜縣	雲南統部昭通府	縣	永喜縣城，周二里有奇。本朝雍正九年築，乾隆二十五年修。	卷490，24949頁。
大關	雲南統部昭通府		大關城，周一里有奇。本朝雍正十一年築。	卷490，24949頁。
魯甸	雲南統部昭通府		魯甸城，周一里有奇。本朝雍正九年築，乾隆九年、二十三年屢修。	卷490，24949頁。

廣西州

城池名稱	所屬	城池等級	原文	資料出處
廣西州	雲南統部	直隸州	廣西州城，周四里有奇，門四。明成化十四年始築土城，隆慶五年易以磚，本朝康熙三年、雍正八年、乾隆三年屢修。	卷491，24970頁。
師宗縣	雲南統部廣西州	縣	師宗縣城，周二里有奇，門四。舊有土城，明崇禎七年易以磚，本朝康熙十三年重修，乾隆七年又修。	卷491，24970頁。

续表

彌勒縣	雲南統部廣西州	縣	彌勒縣城，周二里有奇，門四。明弘治中始築土城，崇禎七年易以磚，本朝康熙五十年重修，乾隆二十六年又修。	卷491，24971頁。
邱北	雲南統部廣西州		邱北城，今師宗縣丞駐扎之地，本朝雍正九年築。	卷491，24971頁。

武定州

城池名稱	所屬	城池等級	原文	資料出處
武定州	雲南統部	直隸州	武定州城，周六里，門四。明隆慶四年築，本朝雍正七年重修，乾隆二十六年又修。	卷492，25002頁。
元謀縣	雲南統部武定州	縣	元謀縣城，周一里有奇，門四。明萬曆三十二年創築，天啓二年改築磚城，本朝康熙五十二年重修，乾隆二十六年又修。	卷492，25002頁。
祿勸縣	雲南統部武定州	縣	祿勸縣城，周二里，門四。明萬曆七年築，本朝雍正八年重建。	卷492，25002頁。

元江州

城池名稱	所屬	城池等級	原文	資料出處
元江州	雲南統部	直隸州	元江州城，周九里，門四，三面瀕河。舊土城，元大德間築，本朝順治十八年、雍正七年、十三年累修。	卷493，25028頁。
新平縣	雲南統部元江州	縣	新平縣城，周一里有奇，門四，環墻爲濠。明萬曆十九年築土墻於縣西五里，崇禎七年遷今地爲石城。本朝康熙三十七年接築新舊二城，使相連屬。雍正十年又拓新城，直過舊城之東。	卷493，25028頁。

鎮沅州

城池名稱	所屬	城池等級	原文	資料出處
鎮沅州	雲南統部	直隸州	鎮沅州城，周三里有奇。本朝雍正五年因舊土城重修，乾隆三年改築石城。	卷494，25047頁。
恩樂縣	雲南統部鎮沅州	縣	恩樂縣城，周一里有奇，門二。本朝雍正五年，因舊土司城修。	卷494，25047頁。

景東廳

城池名稱	所屬	城池等級	原文	資料出處
景東廳	雲南統部	直隸廳	景東廳城，周二里，門四。舊係衛城，明洪武二十三年建，本朝康熙中修，乾隆元年重修。	卷 495，25061 頁。

蒙化廳

城池名稱	所屬	城池等級	原文	資料出處
蒙化廳	雲南統部	直隸廳	蒙化廳城，周五里有奇，門四，池深四尺。明洪武中築，本朝康熙二十六年及三十六年累修。	卷 496，25077 頁。

永北廳

城池名稱	所屬	城池等級	原文	資料出處
永北廳	雲南統部	直隸廳	永北廳城，周五里有奇，門四，環以濠。即舊北勝州城，明洪武二十九年築，本朝康熙、雍正中修，乾隆三年、十五年又修。	卷 497，25102 頁。

騰越廳

城池名稱	所屬	城池等級	原文	資料出處
騰越廳	雲南統部	直隸廳	騰越廳城，周七里有奇，門四，有濠，其西北二面架石以通山泉。舊無城，明正統十四年兵部侍郎楊凝征麓川，駐此築土城，十五年甃以磚，本朝康熙五年修，乾隆四十九年重修。	卷 498，25126 頁。

貴州統部

貴陽府

城池名稱	所屬	城池等級	原文	資料出處
貴陽府	貴州統部	府	貴陽府城，周九里有奇，門五。明洪武十五年建，本朝康熙十一年修，雍正四年、十年、乾隆二十四年、三十二年重修。貴筑縣附郭。	卷 500，25262 頁。
貴定縣	貴州統部貴陽府	縣	貴定縣城，周六里有奇，門四。明洪武二十二年建，本朝乾隆二十四年修。	卷 500，25262 頁。
龍里縣	貴州統部貴陽府	縣	龍里縣城，周三里，門四。明洪武二十三年建，本朝乾隆十八年修。	卷 500，25263 頁。
修文縣	貴州統部貴陽府	縣	修文縣城，周七里有奇，門四。明崇禎三年建，本朝乾隆二十八年修。	卷 500，25263 頁。

续表

開州	貴州統部貴陽府	屬州	開州城，周二里有奇，門四。明崇禎二年建，本朝乾隆三十三年修。	卷500，25263頁。
定番州	貴州統部貴陽府	屬州	定番州城，周三里有奇，門四。明成化十三年建，本朝乾隆七年修，二十六年重修。	卷500，25263頁。
廣順州	貴州統部貴陽府	屬州	廣順州城，未建，舊於要隘處所設卡，本朝嘉慶十七年修。	卷500，25263頁。

安順府

城池名稱	所屬	城池等級	原文	資料出處
安順府	貴州統部	府	安順府城，周九里有奇，門四。明洪武五年建，本朝康熙九年修，乾隆十四年、三十六年重修。普定縣附郭。	卷501，25342頁。
永寧州	貴州統部安順府	屬州	永寧州城，周半里，門二。明洪武中建，本朝康熙十二年修，嘉慶十六年重修。	卷501，25342頁。
清鎮縣	貴州統部安順府	縣	清鎮縣城，即威清衛舊城，周三里有奇，門四。明洪武二十六年建，本朝康熙十一年修，乾隆二十七年重修。	卷501，25342頁。

续表

安平縣	貴州統部安順府	縣	安平縣城，即平壩衛舊城，周四里有奇，門四，水關一。明洪武二十三年建，本朝乾隆二十二年修。	卷501，25342頁。
鎮寧州	貴州統部安順府	屬州	鎮寧州城，即安莊衛舊城，周四里有奇，門四。明洪武二十五年建，本朝乾隆三十一年修。	卷501，25342頁。

都匀府

城池名稱	所屬	城池等級	原文	資料出處
都匀府	貴州統部	府	都匀府城，即都匀衛舊城，周五里有奇，門四。明洪武二十七年建，本朝順治十八年重建，康熙六年修，乾隆十年重修。都匀縣附郭。	卷502，25395頁。
麻哈州	貴州統部都匀府	屬州	麻哈州城，周二里有奇，門四。明嘉靖三十一年建，本朝乾隆二十七年修。	卷502，25395頁。
獨山州	貴州統部都匀府	屬州	獨山州城，周四里有奇，門四。明萬曆五年於南北二街修築土墻，本朝乾隆十年增建。	卷502，25395頁。

续表

清平縣	貴州統部都匀府	縣	清平縣城，即清平衛舊城，周四里，門四。明洪武二十三年建，萬曆間修，本朝乾隆三年重修。	卷 502，25395 頁。
荔波縣	貴州統部都匀府	縣	荔波縣城，周三里有奇，門四。明嘉靖四十年建，本朝順治十六年重建，康熙二十年修，乾隆五年重修。	卷 502，25395 頁。

鎮遠府

城池名稱	所屬	城池等級	原文	資料出處
鎮遠府	貴州統部	府	鎮遠府城，周二里有奇，門二。明正德間建，本朝康熙十年修，乾隆二年重修。鎮遠縣附郭。	卷 503，25436 頁。
施秉縣	貴州統部鎮遠府	縣	施秉縣城，周二里有奇，門四。明嘉靖四十四年建，本朝康熙十一年修，乾隆二年重修。	卷 503，25436 頁。
天柱縣	貴州統部鎮遠府	縣	天柱縣城，周一里有奇，門四。明洪武初建，本朝順治九年修。	卷 503，25436 頁。
黃平州	貴州統部鎮遠府	屬州	黃平州城，即興隆衛舊城，周二里有奇，門四。明洪武二十六年建，本朝乾隆三年修。	卷 503，25436 頁。

思南府

城池名稱	所屬	城池等級	原文	資料出處
思南府	貴州統部	府	思南府城，周四里有奇，門五，水門一。明弘治十四年建，本朝順治十八年修，康熙十二年增修。安化縣附郭。	卷504，25493頁。
婺川縣	貴州統部思南府	縣	婺川縣城，周三里，門四。明嘉靖二年建，本朝康熙十年修。	卷504，25493頁。
印江縣	貴州統部思南府	縣	印江縣城，周二里有奇，門四。明嘉靖二十八年建，本朝康熙十一年重修。	卷504，25494頁。

石阡府

城池名稱	所屬	城池等級	原文	資料出處
石阡府	貴州統部	府	石阡府城，周三里有奇，門四。明嘉靖四十年建，本朝順治十八年修，乾隆三十三年重修。	卷505，25539頁。
龍泉縣	貴州統部石阡府	縣	龍泉縣城，周二里有奇，門四。明萬曆十二年建。	卷505，25539頁。

思州府

城池名稱	所屬	城池等級	原文	資料出處
思州府	貴州統部	府	思州府城，周二里，門四。明永樂十三年建，本朝康熙八年修，雍正九年重修，乾隆二十七年增修。	卷506，25570頁。
玉屏縣	貴州統部思州府	縣	玉屏縣城，即平溪衛舊城，周五里有奇，門四。明洪武二十三年建，本朝乾隆三年修。	卷506，25570頁。
青溪縣	貴州統部思州府	縣	青溪縣城，即清浪衛舊城，周六里有奇，門四。明永樂二十年建，本朝乾隆三年修。	卷506，25570頁。

銅仁府

城池名稱	所屬	城池等級	原文	資料出處
銅仁府	貴州統部	府	銅仁府城，周二里有奇，門七。明景泰二年建，本朝康熙七年修，乾隆二十六年重修。銅仁縣附郭。	卷507，25602頁。

黎平府

城池名稱	所屬	城池等級	原文	資料出處
黎平府	貴州統部	府	黎平府城，周六里有奇，門四。明洪武十八年建，本朝乾隆十二年修。開泰縣附郭。	卷 508，25628 頁。
錦屏縣	貴州統部黎平府	縣	錦屏縣城，即銅鼓衛舊城，周五里有奇，門四。明洪武三十年建，本朝雍正五年修。	卷 508，25628 頁。
永從縣	貴州統部黎平府	縣	永從縣城，周一里，門四。明萬曆二十一年建，本朝乾隆十年修。	卷 508，25628 頁。

大定府

城池名稱	所屬	城池等級	原文	資料出處
大定府	貴州統部	府	大定府城，即大方舊城，周五里有奇，門五。明崇禎九年建，尋毀，本朝康熙三年重建，乾隆十六年修。	卷 509，25666 頁。
平遠州	貴州統部大定府	屬州	平遠州城，周四里有奇，門五。本朝康熙三年開設府治，始植木爲衛，七年建土城，乾隆十三年改建石城。	卷 509，25666 頁。

续表

黔西州	貴州統部大定府	屬州	黔西州城，即水西舊城，周五里，門四。明洪武間建，後爲安氏所毁，本朝康熙五年重建，雍正四年修。	卷509，25666頁。
威寧州	貴州統部大定府	屬州	威寧州城，即烏撒衛舊城，周六里有奇，門四。明洪武十四年建，本朝康熙四年修，雍正十年、乾隆二十七年、四十九年重修。	卷509，25666頁。
畢節縣	貴州統部大定府	縣	畢節縣城，即畢節衛舊城，周四里有奇，門五。明洪武十六年建，東南二面有濠，本朝康熙二十六年重建，雍正九年修，乾隆五十年重修。	卷509，25666頁。

興義府

城池名稱	所屬	城池等級	原文	資料出處
興義府	貴州統部	府	興義府城，即安籠所舊城，周六里有奇，門四。明洪武中建，本朝康熙二年修，雍正四年、乾隆十一年重修。	卷510，25717頁。
貞豐州	貴州統部興義府	屬州	貞豐州城，周三里，門三。本朝雍正五年建，乾隆十一年修。	卷510，25717頁。

续表

普安縣	貴州統部興義府	縣	普安縣城，周二里，門四。明洪武二十三年建，本朝康熙十二年修。	卷510，25717頁。
安南縣	貴州統部興義府	縣	安南縣城，周四里，門四。明洪武二十五年建。	卷510，25717頁。
興義縣	貴州統部興義府	縣	興義縣城，即黄草壩州判舊城，周三里有奇，門五。本朝乾隆十二年建，嘉慶五年修。	卷510，25718頁。

遵義府

城池名稱	所屬	城池等級	原文	資料出處
遵義府	貴州統部	府	遵義府城，周七里有奇，門四。明萬曆中建，本朝康熙五十八年修，乾隆二十二年重修。遵義縣附郭。	卷511，25747頁。
桐梓縣	貴州統部遵義府	縣	桐梓縣城，周三里，門四。明萬曆中建，本朝乾隆二十七年修。	卷511，25747頁。

续表

綏陽縣	貴州統部遵義府	縣	綏陽縣城，周二里有奇，門四。明萬曆中建，本朝康熙元年修。	卷511，25747頁。
正安州	貴州統部遵義府	屬州	正安州城，周二里有奇，門四。本朝康熙十五年建，乾隆二十二年修。	卷511，25747頁。
懷仁縣	貴州統部遵義府	縣	懷仁縣城，周二里有奇，門四。本朝雍正元年建。	卷511，25747頁。

平越州

城池名稱	所屬	城池等級	原文	資料出處
平越州	貴州統部	直隸州	平越州城，即平越衛舊城，周七里有奇，門四。明洪武十四年建，本朝順治十八年修，乾隆二十七年重修。	卷512，25789頁。
甕安縣	貴州統部平越府	縣	甕安縣城，周三里有奇，門四。明萬曆三十一年建，本朝乾隆三十二年修。	卷512，25789頁。

续表

湄潭縣	貴州統部平越府	縣	湄潭縣城，周二里有奇，門四。明萬曆三十年建，本朝乾隆二十七年修。	卷512，25789頁。
餘慶縣	貴州統部平越府	縣	餘慶縣城，周不及三里，門二。明萬曆三十年建，本朝康熙九年修，乾隆三年重修。	卷512，25789頁。

松桃廳

城池名稱	所屬	城池等級	原文	資料出處
松桃廳	貴州統部	直隸廳	松桃廳城，周二里有奇，門四。本朝雍正十三年建，乾隆三年修，嘉慶元年重修。	卷514，25835頁。

普安廳

城池名稱	所屬	城池等級	原文	資料出處
普安廳	貴州統部	直隸廳	普安廳城，即普安州舊城，周三里，門四。明洪武二年建，本朝康熙三十年修。	卷514，25835頁。

懷仁廳

城池名稱	所屬	城池等級	原文	資料出處
仁懷廳	貴州統部	直隸廳	仁懷廳城，即仁懷舊縣城，周五里有奇，門四。明萬曆中建，本朝乾隆二十五年修。	卷 515，25854 頁。

新疆統部

伊犁

城池名稱	所屬	城池等級	原文	資料出處
惠遠城	新疆統部	將軍	惠遠城，在伊犁河北。乾隆二十八年筑，周九里，門四，東曰景仁、西曰悅澤、南曰宣闓、北曰來遠。五十八年，增筑東面，展二百四十丈。	卷517，25975頁。
熙春城	新疆統部		熙春城，在惠遠城東八十里，地名哈喇布拉克，西北距綏定城一百里。乾隆四十五年筑，周二里，門三，東曰覲恩、西曰凝爽、南曰歸極。	卷517，25975頁。
寧遠城	新疆統部		寧遠城，在伊犁河北，惠遠城東南九十里，地名固勒札，西北距熙春城十里。乾隆三十七年筑，周四里，門四，東曰景旭、西曰環瀛、南曰嘉會、北曰歸極。	卷517，25975頁。

续表

綏定城	新疆統部		綏定城，在惠遠城西北三十里，地名烏哈爾里克，東南距惠寧城九十里。乾隆二十七年筑，周四里，門三，東曰仁熙、西曰義集、南曰利渠。	卷517，25975頁。
塔勒奇城	新疆統部		塔勒奇城，在惠遠城西北三十里，東距綏定城十里，北距廣仁城五十里，西北距拱宸城八十里。乾隆二十六年筑，周一里五分六厘，無城名，亦無門名。	卷517，25975頁。
瞻德城	新疆統部		瞻德城，在惠遠城西北七十里，地名察罕烏蘇，東少北距廣仁城二十里，東南距塔勒奇城三十里。乾隆四十五年筑，周三里，門三，東曰升瀛、西曰履平、南曰延景。	卷517，25975頁。
廣仁城	新疆統部		廣仁城，在惠遠城西北九十里，地名烏克爾博羅素克，東南距綏定城六十里。乾隆四十年筑，周三里，門三，東曰朗輝、西曰迎灝、南曰溥惠。	卷517，25975頁。
拱宸城	新疆統部		拱宸城，在惠遠城西北一百二十里，地名和爾郭斯，東少北距瞻德城七十里。乾隆四十五年筑，周三里，門三，東曰寅暉、西曰遵樂、南曰綏定。	卷517，25976頁。

续表

惠寧城	新疆統部		惠寧城，在伊犁河北，惠遠城東北七十里，地名巴彥岱，東南距熙春城十里。乾隆三十一年筑，周六里，門四，東曰昌彙、西曰兆豐、南曰遵軌、北曰承樞。嘉慶十年，拆去頹垣，稍移向西，四面共新筑九百九十丈，添建門二，西南曰協阜、西北曰綏城。	卷517，25976頁。

庫爾喀喇烏蘇

城池名稱	所屬	城池等級	原文	資料出處
慶綏城	新疆統部		慶綏城，東至靖遠驛三百六十里。庫爾喀喇烏蘇領隊大臣所駐。	卷518，26020頁。
安阜城	新疆統部		安阜城，東至慶綏城四百一十里，晶河之糧員所駐。俱乾隆四十八年建。	卷518，26020頁。
遂城堡	新疆統部		遂城堡，在慶綏城東。乾隆二十八年，於庫爾河濱建。按庫爾哈喇烏蘇之名，本在遂城堡，自筑慶綏城，名始移於慶綏。《西域圖志》所指庫爾哈喇烏蘇，據堡言也。《新疆識略》所指之庫爾哈喇烏蘇，據城言也。	卷518，26021頁。

塔爾巴哈台

城池名稱	所屬	城池等級	原文	資料出處
綏靖城	新疆統部		綏靖城，地名楚呼楚，塔爾巴哈台参贊大臣所駐。乾隆三十二年建，門三，東曰翔和、西曰布説、南曰遂亨。	卷 519，26037 頁。
肇豐城	新疆統部		肇豐城，在綏靖城西北二百里雅爾地。乾隆二十八年建，門四，東曰翔和、南曰乘離、西曰布説、北曰暨朔。今廢。	卷 519，26037 頁。

哈密

城池名稱	所屬	城池等級	原文	資料出處
哈密舊城	新疆統部		哈密舊城，康熙五十六年建。城居平川中，周四里，東北二門，人民數百戶，皆住土房。城東有溪水西南流，北面大山，三面平曠，向為大臣駐劄之所，今則回人居之。城北門有額，曰鎮遠城。	卷 521，26093 頁。
哈密新城	新疆統部		新城，雍正五年建。周里許，東西北三門，向為管糧道員駐劄之所，謂之糧城。自道員移駐烏魯木齊，辦事大臣來居之，遂為官兵駐防之城。在舊城東北。	卷 521，26093 頁。

和闐

城池名稱	所屬	城池等級	原文	資料出處
額里齊城	新疆統部		額里齊城，即和闐辦事大臣所駐。地當衝要，漢於闐治西城，即其地也。按和闐六城，有城者謂之城，無城者謂之村。	卷528，26275頁。
哈喇哈什城	新疆統部		哈喇哈什城，在額里齊城西北七十里，東旁哈喇哈什河二里，西至早漥勒河二十里。《唐書·地理志》於闐西五十里有葦關。唐之於闐鎮，應屬今額里齊城西五十里之葦關，當在哈喇哈什城東。	卷528，26275頁。
克勒底雅城	新疆統部		克勒底雅城，在齊爾拉城村東北一百八十里。	卷528，26275頁。

蒙古統部

歸化城土默特

城池名稱	所屬	城池等級	原文	資料出處
歸化城	歸化城土默特	蒙古統部	歸化城，在殺虎口北二百里。明代所筑，蒙古名庫庫和屯，周圍二里，高三丈，南北門各一。外郭，東西南三面三門，諳達歸順，改稱今名。	卷 548，27001 頁。
綏遠城	歸化城土默特		綏遠城，在歸化城東北五里，周圍二千丈，高二丈四尺，門四。乾隆四年，移右衛建威將軍駐其地。	卷 548，27001 頁。
托克托城	歸化城土默特		托克托城，舊城在黃河東岸歸化城之西一百十三里，即湖灘河朔也。	卷 548，27001 頁。